Ungläubige Jugend?

Ungläubige Jugend?

Briefe und Bekenntnisse

Herausgegeben
von Manfred Plate

Herder Freiburg · Basel · Wien

Zweite Auflage

Herstellung: Freiburger Graphische Betriebe 1987
ISBN 3-451-21088-6

Inhalt

Zur Einführung

Im Mai 1986 veröffentlichte eine Mutter in der Wochenzeitschrift „Christ in der Gegenwart“ einen „Brief an meine ungläubigen Kinder“. Die Autorin geht darin von einer Erfahrung aus: Beim letzten Osterfest waren zwar alle mehr oder weniger erwachsenen Kinder wieder einmal daheim, aber – niemand begleitete mehr wie früher die Eltern zu den Ostergottesdiensten. „Von einem christlichen Glauben kann man wohl bei keinem von Euch mehr sprechen“, schreibt die besorgte Mutter. Sie fragt sich, warum es so gekommen ist. Haben die Eltern etwas falsch gemacht in der religiösen Erziehung? Waren sie als Christen nicht vorbildlich genug? Doch die Ausführungen geben sich mit solchen und ähnlichen Gedanken nicht zufrieden und dringen tiefer. Man müsse durchaus sehen, daß es einen Abfall vom Glauben aus eigener Schuld gebe: weil man die christliche Sittlichkeit für lästig hält, den Verführungen anderer religiöser Ideen verfällt, die „Kritik an der Kirche“ übertreibt. So geht der Brief Punkt für Punkt möglicher Glaubensverfehlung in unserer Zeit nach, um am Ende zu sagen: daß die Kinder offenbar nicht mehr in der Lage sind zu erkennen, „wie schön doch eigentlich der Christenglaube ist, wie wunderbar diese Hoffnung, von der wir in der Bibel lesen".

Das Echo auf diesen kleinen Beitrag war überraschend, ja überwältigend. Jung und Alt, der Kirche Fern- und Nahestehende, Gläubige und Ungläubige meldeten sich zu Wort mit zum Teil leidenschaftlichen, zum Teil nachdenklichen Stellungnahmen. Offenbar war mit den Worten der Autorin ein religiöser Nerv unserer Zeit getroffen. In der Zeitschrift wurden nun in den folgenden Monaten verschiedene längere und kürzere Beiträge – Antworten und Gegenantworten – veröffentlicht, eine lebendige Diskussion, die einen repräsentativen Querschnitt aus den Hunderten von Zuschriften darstellte. Auf vielfältigen Wunsch sind diese Texte hier jetzt auch in Buchform, vom Chefredakteur des „Christ in der Gegenwart" gesichtet und mit kurzen Überleitungen und Erklärungen versehen, dokumentiert – ohne Zweifel ein hochinteressanter Beitrag zur religiösen Situation der Gegenwart.

Was auf den ersten Blick an all diesen Artikeln auffällt, ist ihre religiöse Intensität und ihr sittlicher Ernst. Hier debattiert man nicht über irgendwelche kirchlichen Trends oder theologischen Moden, sondern über Fragen, die an die Wurzel der Existenz gehen und als letzte persönliche Herausforderung verstanden werden. Schritt um Schritt werden wir in eine erregende Diskussion über den Glauben in unserer Zeit hineingeführt. Fast alle, die sich zu Wort melden, sind Menschen der „Basis", wie man sagt, und sie sprechen aus einer persönlichen Erfahrung, nicht aus theologischen oder kirchlichen Interessen. Alle diese Menschen fragen sich: Was bedeutet die offenbar tiefreichende Krise der Religion in unserer Zeit? Für mich und meine Kinder? Für mich und meine Eltern, meine Freunde? Ursache und Folgen werden aus ganz verschiedenen Lebensperspektiven dargestellt und debattiert. Rede und Widerrede eröffnen sich. Bei aller Entschiedenheit der vorgetragenen Standpunkte endet die Diskussion jedoch nicht in Streit oder gegenseitigen Vorwürfen, sondern Jung und Alt werden von einer Haltung des gegenseitigen Verständnisses getragen. Die Zeitschrift „Katechetische Blätter" schrieb in einer ausführlichen Darstellung dieser Beiträge (Februar 1987):

„Die Briefe und die Flut von Leserzuschriften enthüllen die tiefgreifende Krise der Glaubensvermittlung in unserer Zeit, vor der keiner mehr die Augen verschließen kann."

Über die Krise der christlichen Glaubens- und der traditionellen Kirchenbindung in den westlichen Gesellschaften gibt es hervorragende demoskopische Untersuchungen, soziologische Analysen und pastoraltheologische Wertungen. In den Kirchen selbst fragt man sich, wie man dem negativen Trend begegnen kann. Die Synode des Bistums Rottenburg-Stuttgart beschäftigte sich in den Jahren 1984 bis 1986 nur mit diesem Thema: „Die Weitergabe des Glaubens an die kommende Generation". Und man fragt sich, warum der christliche Glaube in den Völkern der Dritten Welt gegenwärtig so reiche Früchte trägt, während Europa sich immer mehr dem ererbten Christentum entfremdet. Ist dies ein unabwendbares Schicksal?

Der Herausgeber dankt den Autoren für ihre freundliche Bereitschaft, ihre Texte für diesen Band zur Verfügung zu stellen, und dem Verlag für die vorbildliche Betreuung der Edition. Vor allem aber dankt er den vielen Lesern der Zeitschrift „Christ in der Gegenwart", die diese Debatte so leidenschaftlich verfolgt und mitgetragen haben und aus deren Reihen auch der Wunsch auftauchte, die Beiträge in einem eigenen Band zusammenzufassen. So sei das Buch ihnen gewidmet, unter ihnen auch jenen, die, wie es im Dritten Hochgebet heißt, „noch fern sind von dir".

Manfred Plate

Brief an meine ungläubigen Kinder

Friederike Kügler

Liebe Söhne, liebe Töchter! Jetzt sind die Osterferien vorbei, und Ihr alle seid wieder aus unserem Haus ausgeflogen. Es drängt mich, Euch einen Gruß nachzusenden – an die Universität im Süden, wo die Jüngste sich bald durch die Prüfungen schlagen muß (ich denke an Dich!); an den Ältesten, der an die Tage bei uns mit seiner ganzen Familie Skiferien anhängt, aber nun auch schon wieder im täglichen Geschirr ist; an die beiden anderen – der eine mit seiner „Freundin" in der Wohngemeinschaft; die andere, die nun in ihr Praktikum in einer fremden Umwelt einsteigen wird. Es war schön, Euch ein paar Tage bei uns zu sehen, und auch Vater, der sich sonst so distanziert gibt, taute ja sichtlich auf. Trotzdem, Ihr wißt es alle: selten wurde uns so bewußt, wie tief allmählich ein gewisser Graben zwischen uns geworden ist, vor allem in den religiösen Fragen. Ist ein solcher Bruch zwischen den Generationen unausweichlich? Welche schönen Osternachtfeiern haben wir früher alle sechs gemeinsam erlebt! Aber diesmal wolltet Ihr „ehrlich" sein. Niemand begleitete uns am Abend des Karsamstags in die Licht- und Auferstehungsfeier. Keiner von Euch wollte am Sonntag beim festlichen Gottesdienst in unserer Pfarrei dabeisein. Ihr habt fast die ganze Nacht hindurch für Euch „gefeiert" – und am Sonntag bis in den Mittag hinein geschlafen. Vater und ich fragten uns: „Was" habt Ihr denn da gefeiert? Doch nicht das Osterfest? Die „Familie"? Auch das wahrscheinlich nicht, vielleicht eben nur das fröhliche „Wiedersehen". Immerhin ist es ein Wert, wenn Geschwister so wie Ihr zusammenhalten, sich einander helfen, wenn sie sich auf anständige Weise durchs Leben schlagen und gute Menschen zu sein versuchen. Das können wir wirklich von Euch annehmen, und dafür sind wir dankbar.

Was haben wir falsch gemacht?

Aber von einem christlichen Glauben kann man wohl bei keinem von Euch mehr sprechen. Ihr habt das ja, wenn auch nur kurz, deutlich erklärt. Immerhin wart Ihr so „mutig", diesmal uns sozusagen reinen Wein einzuschenken. Eigentlich war das gar nicht nötig, denn Eltern, die ihre Kinder kennen, wissen ziemlich schnell, was mit ihnen los ist. Wir wollten gewiß keine religiöse Grundsatzdiskussion mit Euch eröffnen. Erstens seid Ihr alle erwachsen, Ihr müßt wissen, was Ihr tut. Wir haben keine Rechenschaft von Euch zu fordern. Und zweitens: solche Debatten sind meistens ziemlich sinnlos. Die echten Gründe dieser oder jener Entwicklung werden ja meist eher verdeckt als offengelegt, Schlagworte stellen sich ein, verborgene Schwierigkeiten in den Eltern-Kind-Beziehungen setzen alles in ein schiefes Licht.

Doch jetzt, mit dem Abstand von einigen Tagen, habe ich das Bedürfnis, Euch einiges zu sagen und zu fragen.

Das erste, worüber in einer solchen Situation Eltern nachdenken, ist natürlich die Frage: Was haben *wir* falsch gemacht? Wo liegt unsere Schuld? Vater und ich haben uns in vielen Gesprächen darüber klarzuwerden versucht, was in unserer religiösen Erziehung nicht in Ordnung war. Vielleicht war es ein Fehler, so sagten wir uns, daß wir in bezug auf Glaube und Kirche zu wenig „Druck" auf Euch ausgeübt haben. Natürlich war ein gewisser indirekter Druck immer vorhanden. Aber jeder von Euch wird ohne Zögern bestätigen, daß wir von einem bestimmten Zeitpunkt an die unbedingte Freiheit der religiösen Entscheidung unserer Kinder respektierten; daß wir nicht mehr kontrollierten, ob Ihr im Gottesdienst wart usw. Haben wir da in entscheidenden Zeiten vielleicht doch zu wenig nachgefragt, zu wenig uns um Euer religiöses Leben – auch wenn Ihr schon sechzehn oder siebzehn Jahre alt wart – gekümmert? Als der Älteste offen erklärte, er wolle nicht mehr zum Gottesdienst gehen, sahen wir das als eine Übergangskrise an. Wir waren vielleicht doch zu zartfühlend, zu zurückhaltend! Aus Rücksicht auf ihn beteten wir von da an nicht mehr laut vor und nach dem Essen, sondern es wurde nur noch eine kleine stille Zeit gehalten. Da konnte dann jeder denken, „was er wollte". Habt Ihr da schon aufgehört, wirklich zu beten? Ist Euch schon damals der Glaube verdunstet, wie man heute sagt? Ist durch die mangelnde gemeinsame religiöse Praxis in der Familie das Loch, in das Ihr nun alle gefallen seid, entstanden?

Das zweite, was wir uns fragten: Waren wir trotz unserer eifrigen kirchlichen Praxis – kein Sonntag ohne heilige Messe – ein überzeugendes christliches Vorbild für Euch? Tatsächlich hat es ja manche Krisen in unserer Ehe gegeben, und sie sind Euch sicher nicht verborgen geblieben. Es gab Entfremdung und Schwierigkeiten, sogar das gemeinsame Fundament wackelte ein paar Mal erheblich! Aber Vater und ich haben in dieser Zeit nie die religiöse Gemeinsamkeit aufgegeben. Wir hatten beide die Hoffnung: solange wir zusammen in die Kirche gehen, wird es weitergehen. In den Zeiten schwerster Probleme haben wir daher nie den Gottesdienstbesuch aufgegeben. Wir können heute sagen: gerade dies hat uns in allen schweren Stunden entscheidend geholfen. Es hat uns immer wieder miteinander versöhnt, zueinander auf den Weg gebracht, auch dann, wenn Worte nicht mehr viel bewirken konnten.

Wir können ehrlich sagen...

Habt Ihr dies alles vielleicht mißverstanden? Als religiöse Heuchelei angesehen? Als Sonntagschristentum, wo die Tat nicht mehr dem laut gesprochenen Bekenntnis entspricht? Ihr habt bemerkt, daß unser Glaube oft recht schwach war. Habt Ihr wie viele andere Leute gesagt: Seht, da rennen sie jeden

Sonntag in die Kirche, aber besser als andere Menschen sind sie auch nicht?

Ja, das ist wahr. Wir sind keine „besseren" Menschen. Aber wir haben gemeint, wenn Ihr reifer und erwachsener würdet, könntet Ihr solche Schlagworte schnell durchschauen; das religiöse Leben, das wir in Euch grundzulegen versuchten, würde Euch von solchen schiefen Ansichten heilen. Denn es geht doch im christlichen Glauben gewiß nicht darum, ein „besserer Mensch" zu sein, sondern in allen – allen! – Lebenslagen auf Gott zu vertrauen, sich ihm anheimzustellen, auf Erlösung allein durch ihn zu hoffen. *Er* ist unsere einzige Rettung. Und wir können beide ehrlich sagen: wir haben nie von ihm abgelassen, haben, auch wenn kein Ausweg mehr zu sehen war, auf ihn gehofft. Dieser Glaube ist nicht enttäuscht worden. Es ist eine Tatsache, daß uns der Herr immer wieder gerettet hat.

Es kann eigentlich nicht sein, daß solche Erfahrungen die wahren Gründe für Eure Abkehr vom Glauben darstellen, jedenfalls dürften sie nicht ausreichen, einem erwachsenen Menschen eine so weittragende negative Lebensentscheidung zu begründen. Welche Götter waren es also, die Euch abspenstig gemacht haben? Was ist Euch so wichtig geworden, daß Ihr den Gott Eurer Mutter und Eures Vaters verlassen habt?

Anstößige Kirche?

Wir geben uns nicht der Täuschung hin, daß es einen sehr tiefen und wahren Grund für die Abwendung vom Glauben geben kann: es ist das Böse, die Bosheit des Menschenherzens. Aber keiner von Euch Vieren ist unserer Meinung nach von Grund auf „böse". Wir sehen nicht, daß einer von Euch kalt oder unbarmherzig wäre, unmenschlich oder gar zynisch, ein egoistischer Menschenverächter. Solche Leute gibt es, Ihr wißt es. Es kann allerdings sein, daß sich solche Kälte der Gottesferne langsam in ein Herz einschleicht. Wir haben uns manchmal gefragt: ob es bei einem von Euch so sein, so werden kann? Gott sei Dank sind dafür bis jetzt keine äußeren Kennzeichen zu erkennen. Ihr wart, als Ihr über die Festtage bei uns weiltet, so menschlich, so zartfühlend, nicht einfach nur „nett", wie die Leute sagen. Vielleicht sehen wir Eltern Euch zu optimistisch. Was also?

Man weiß, daß heute viele fremde religiöse Ideen in das ehemals christliche Abendland eingedrungen sind: aus Indien und dem Fernen Osten, durch Anthroposophie und Theosophie, in Sekten und abgesonderten Gemeinschaften neuer Religionen. Sollte einer von Euch von Christus zu solchen Göttern abgewandert sein? Es erscheint uns absurd, daß wir bei einem überraschenden Besuch in Euren Wohnungen vielleicht ein Bild von Hare Krishna oder von Buddha an der Wand entdeckten; daß Ihr Weihrauchstäbchen entzündet und in mystischen Zirkeln verkehrt, Euch – statt in der Bibel – in das Tibetanische Totenbuch oder in buddhistische Sutren versenkt. Ihr wißt, daß wir selbst viel vom Dialog der Religionen halten. Aber so leicht und so schnell, wie es unter Euren Lebensumständen sein müßte, kann man nicht die „Götter“ vertauschen! Schließlich gibt es bisher keine Anzeichen dafür, daß einer von Euch überzeugt in so ferne religiöse Welten abgewandert sein könnte.

Vielleicht interessiert sich einer von Euch für eine andere christliche Glaubensrichtung, etwa für die evangelische Kirche? Nun, das würde uns gewiß nicht sehr schmerzen, obwohl man selbstverständlich die eigene Kirche liebt. Aber dann wärt Ihr ja in die benachbarte Trinitatis-Kirche zum Ostergottesdienst gegangen, nicht wahr?

In manchen Aufsätzen liest man von dem Schlagwort: Jesus – ja, Kirche – nein. Tatsächlich habt Ihr schon als Kinder über die „Langeweile“ im Gottesdienst geklagt. Der Religionsunterricht war oft ein Streitpunkt im Familienkreis, wenn einer von Euch wieder einmal kein gutes Haar am Religionslehrer ließ. Und dann die allgemeine Kirchenkritik: Papst und Inquisition, politischer Katholizismus, die kirchliche Sexualmoral, all die vielen Gesetze und Verbote, der Zölibat und die Frauenfeindlichkeit... Wir haben Euch nie darüber im unklaren gelassen: daß wir viele dieser Klagen aus tiefer Seele teilen.

Die Kirche ist als Institution nicht immer ein angenehmes Gebilde. Man kann viel an ihr aussetzen. Aber: ist dies ein Grund, das Vermächtnis des Herrn, die Feier seines Todes und seiner Auferstehung, völlig aufzugeben? Nicht mehr Anteil zu haben an seinem Brot, an seinem Kelch? Ist „Langeweile“ ein Grund, sich von der wöchentlichen Sonntagsfeier so zu trennen, wie Ihr es tut? Kann die

Unvollkommenheit der Gemeinde Anlaß sein, sich ganz von der kirchlichen Gemeinschaft zu trennen? Wir können nicht glauben, daß einer von Euch wirklich so oberflächlich denkt.

Anstößige Lehre?

Neben dem „Kirche – nein“ steht das „Christus – ja“. Dieses Ja zum Herrn muß, wenn es vorhanden ist, irgendeine Gestalt bekommen. Im persönlichen Leben gäbe es da das Gebet, morgens, abends, in stillen Stunden. Vater und ich haben uns oft gefragt, ob einer von Euch noch betet, in der Heiligen Schrift liest, die Psalmen meditiert, sich innerlich – ohne Kirche – Christus verbunden fühlt. Vieles in Eurer Haltung, meinen wir, sei durchaus noch christlich: Aufrichtigkeit, Hingabe an den Mitmenschen, Selbstlosigkeit, Treue, ein gewisses privates und öffentliches Ethos. Vielleicht ist es möglich, ohne kirchliche Sakramente einen lebendigen Christenglauben zu haben. Aber es zeigt sich doch immer wieder: Wer persönlich betet und die Christusliebe in sich geweckt hat und pflegt, der wird auf die Dauer nicht ohne Gemeinde, die Kirche, den Lebensrhythmus der Gottesdienste auskommen.

Da gibt es aber nicht nur die „Kirche“, sondern auch die „Lehre“ des christlichen Glaubens. Große Geister der Neuzeit haben oft nach schwerem innerem Ringen erklärt: Wir können nicht mehr an die christlichen Kernaussagen glauben: die Gottessohnschaft und Auferstehung Christi, an die Heilsbedeutung seines Todes, an das Geheimnis der allerheiligsten Dreieinigkeit, an die Grundtatsachen der Heilsgeschichte. Ob einer von Euch von solchen tiefsten religiös-theologischen Auseinandersetzungen geplagt war und ist? Ach, wir möchten so gern wenigstens dies hoffen! Aber wir befürchten, daß es leider so nicht ist. Von wirklichen theologischen Skrupeln scheint keiner von Euch geplagt. Eher scheint es so, daß Euch die Grundlehren des christlichen Glaubens irgendwie abhanden gekommen, gleichgültig geworden sind. Aber an was glaubt Ihr denn nun jetzt?

Nun gibt es, seitdem in Europa die Staatskirche abdanken mußte, manche postchristlichen oder neuheidnischen Heilslehren, die als „dogmenfreie" Weltanschauungen ihre Anziehungskraft ausüben. Ich denke zum Beispiel an die mythische Vokabel von der *Natur*. Viele unserer Mitbürger haben sich in einen solchen allgemeinen Glauben an den Kosmos, das „All", an die Natur und das Leben – in verschiedener Weise und Ausrichtung – geflüchtet. Das ist auch eine Art Gott, ohne daß es von ihm eine Offenbarung, eine Heilige Schrift, näher bestimmbare Lehren, Gesetze und Gottesdienste gäbe. Dieses unbestimmte religiöse Gefühl verpflichtet wenig, verleiht aber doch eine gewisse Hoffnung, kann wie ein verläßlicher Seinsgrund angesehen werden. Man ist nicht dem Nichts, dem reinen Unglauben – der den meisten Menschen unerträglich erscheint – ausgeliefert.

Ich möchte von dieser Religiosität nicht verächtlich sprechen, aber, wenn ich ehrlich bin: große Hochachtung habe ich vor einem solchen Lebensgefühl nicht. Ich wollte mein Schicksal nicht auf eine so vage Sache bauen! Und gar erst auf Erlösung hoffen... Im Dritten Reich, das Vater und ich als junge Leute noch sehr gut kennenlernten, brach diese Religiosität oft schnell und wie ein Kartenhaus zusammen.

Von allem ein wenig

Nun will ich nicht weiter alles aufzählen, was es noch an kirchenfreier Religiosität in unserer Welt alles gibt: vom skeptischen Agnostiker bis zum wissenschaftsgläubigen Positivisten, vom zynischen Nihilisten bis zum egoistischen Materialisten. Wir kennen ja auch jene vielen Oberflächen-Menschen, die offenbar nur an ihren eigenen Genuß denken, für die lediglich Erfolg, Karriere, Macht und Geld zählen. Jede Chance, das eigene Ich zu steigern, wird da rücksichtslos ausgenutzt, ob man dies nun Selbstverwirklichung oder Leistungsdenken nennt. Paulus sagte etwas hart von solchen Leuten: Ihr Gott ist der Bauch.

Etwas hilflos frage ich mich: welcher Geist ist in Euch gefahren, daß Ihr zwar nicht dieses oder jenes von solchen Haltungen und Weltanschauungen wirklich „glaubt", daß Ihr Euch aber dennoch von allem – ein wenig oder mehr – habt anstecken lassen? Oder täusche ich mich? Das Gleichnis vom Sämann im Evangelium (Mt 13,24ff.) spricht von dem Unkraut, das die zarten Sprossen und Keime des Glaubens so bald erstickt hat. Sind die „Sorgen dieser Welt" für Euch so wichtig und bedeutend geworden, daß Ihr Gott, den Glauben an die Offenbarung der Heiligen Schrift, die Treue zur Kirche hinter Euch geworfen habt?

Wir wollen jetzt keine gegenseitigen Anklagen erheben, aber neben den Fehlern der Eltern und der Kirche in der religiösen Erziehung, neben schädlichen Umwelteinflüssen und Schwierigkeiten, die im modernen Glaubensverständnis selbst liegen, gibt es wohl noch etwas, das zu bedenken ist: daß Ihr durch eigene Schuld vom Glauben abgekommen sein könntet. Es *gibt* eine Schuld des Menschen, und man soll ihre Folgen nicht zu leicht nehmen. Es ist eben auch eine Tatsache des Glaubens: daß man sein Leben, sein ewiges Heil aus eigener Schuld verfehlen kann. Es wird mir etwas bang ums Herz, wenn ich an solche Dinge denke.

Schließlich möchte ich noch etwas sagen: daß Ihr offenbar nicht sehen könnt, wie schön doch eigentlich der Christenglaube ist. Wie wunderbar ist diese Hoffnung, von der wir in der Bibel lesen. Der Glaube an die Menschwerdung Gottes und an die Erlösung durch Kreuz und Auferstehung Jesu von Nazareth hat so viele große menschliche Geister ergriffen und tief bewegt – von Augustinus bis zu Franziskus, von Thomas von Aquin bis zu Pascal, von Paul Claudel bis zu Alfred Döblin –, daß ich keine Sorge habe, mit meinem Glauben als dumm in dieser Welt dazustehen. Es gibt das Gleichnis von den klugen und den törichten Jungfrauen, und ich wollte gern zu den klugen zählen (auch wenn mein Öllämpchen nicht immer Öl genug zum Brennen hatte). Ich wünschte mir, auch Ihr könntet Euch wieder dazu aufmachen, jenen Glauben zu suchen, der Euch in Eurer Kindheit und Jugend erleuchtet hat. Wir beide, Vater und ich, meinen immer wieder: es kann doch nicht vergeblich gewesen sein, was wir über so viele Jahre in Euch zu wecken versucht haben.

Und vielleicht noch etwas, wie auch immer und was Ihr auch tut, christusgläubig oder nicht, gottesgläubig oder nicht: Ihr solltet immer der Stimme Eures Gewissens folgen! Ich wollte durch diesen Brief diese zarte Stimme des Gewissens nur ein wenig hörbarer machen. Legt mir dies bitte nicht falsch aus, ich wurde selbst durch mein Gewissen zu diesen Zeilen gedrängt. In Liebe – Eure Mutter.

Dieser Artikel ist in der Ausgabe des „Christ in der Gegenwart" vom 4. Mai 1986 (CiG Nr. 18/86, S. 149–50) veröffentlicht worden. Er wurde auch im „Artikeldienst" der Zeitschrift herausgegeben, das heißt: als Sonderdruck angeboten, damit man den Beitrag in Gruppen und Kreisen diskutieren kann. Das Echo war ungewöhnlich stark, der Artikeldienst wurde in weit über 100 000 Exemplaren verbreitet. In den Ausgaben vom 6. Juli 1986 (CiG Nr. 27/86, S. 219–20) und vom 10. August 1986 (CiG Nr. 32/86, S. 259–60) wurden dann jeweils in der Rubrik „Zeitgänge" die eingegangenen Leserzuschriften zusammengefaßt und analysiert. Im folgenden werden diese beiden Beiträge dokumentiert.

Geheimnis der Wege Gottes

Leserstimmen

Der Artikel „Brief an meine ungläubigen Kinder" hat recht verschiedene Reaktionen hervorgerufen. Wie sollte es bei einem solchen Thema anders sein! Es ist allerdings unmöglich zu sagen: es herrschte nun Zustimmung vor oder die Ablehnung war stärker. Sondern: viele, fast alle erklärten, in jenem Beitrag werde ein wichtiger Punkt unseres gegenwärtigen Glaubensbewußtseins haargenau und problembewußt getroffen; unsere tiefgehende Religionskrise, unser Suchen und Ringen nach einer Glaubensgestalt, die dem 20. Jahrhundert angemessen ist.

Ein Pfarrer aus der Glaubensberatung schrieb: „Ich bin in der persönlichen Seelsorge tätig. Wir werden mit diesem Problem immer und immer wieder konfrontiert – daß die Jugend sich heute in so großen Scharen von Glaube und Kirche abwendet, auch innerlich gleichgültig wird, während die ältere Generation enttäuscht oder gar verbittert über diesen Weg der Jugend ist. In dem Artikel wurde dieses Problem von einer Frau und Mutter so offen, so ehrlich, so klar und glaubhaft ausgesprochen, wie das keiner von uns kann..." Eine Leserin: „Diese

Zeilen sind großartig geschrieben, wirklich brauchbar für entsprechende Diskussionen." Ein Gemeindeseelsorger: „Der ‚Brief an meine ungläubigen Kinder' – die ich zwar nicht selbst habe, die es aber doch in großer Zahl auch in meiner Pfarrei gibt – hat mich sehr beeindruckt. Auch bei uns stellen viele Eltern Fragen, wie sie in diesem Artikel aufgeworfen werden." Ein Professor für Geschichte: „Endlich einmal das entscheidende Thema unserer Kirche, die sich sonst lieber mit Ministrantinnen, Laienpredigten oder Bußandachten auseinandersetzt!" So könnten wir weiterfahren.

Drucken wir aber auch eine andere Stimme ab: „Als Mutter von zwei fast erwachsenen Kindern frage ich mich, was Jugendliche auf der Grundlage dieses Textes überhaupt diskutieren sollen. Die dargestellten innerfamiliären Probleme sind zu individuell, als daß sie verallgemeinert werden könnten, und nicht jedem Ehepaar ist es vergönnt, aufgrund des eigenen religiösen Bemühens Versöhnung untereinander zu erfahren... Ich will hier gar nicht die Frage vertiefen, woher die Autorin das Recht nimmt, ihre Kinder für ‚ungläubig' zu erklären; ob es angemessen ist, alle vier Kinder trotz je eigener Individualität, eigener Biographie, eigener Motive in der religiösen Entwicklung in einen Topf zu werfen; ob hier nicht mangelnde Kirchlichkeit einfach mit Unglauben gleichgesetzt wird. Die Gefahr liegt nahe, daß man in der Suche nach der von der Autorin vermuteten persönlichen Schuld bei ihren Kindern ähnliches auch bei den Jugendlichen unserer Umgebung vermutet..." Und in einem anderen

Brief: „Ich finde es etwas anmaßend, die eigenen Kinder als ‚ungläubig‘ zu bezeichnen, bloß weil sie die Osternacht nicht mit den Eltern feiern wollten. Wären sie aus Höflichkeit mitgegangen, wären sie ‚gläubig‘, und die Auseinandersetzung fiele – leider – unter den Tisch.“

Auch aus der jüngeren Generation haben sich viele gemeldet. Zitieren wir einige Beispiele. Das erste stammt von einer jungen Dame:

„Obwohl ich nicht zu den angesprochenen Kindern zähle, hat mich dieser Beitrag zu einer Antwort gereizt – das ist nicht negativ gemeint. In meiner Kindheit erschien Gott mir als eifersüchtiger, drohender Gott, der von mir Unterwerfung verlangte, Aufgabe meiner Persönlichkeit seinetwegen. Ich sollte mich selbst verachten, meine Neigungen und Wünsche geringschätzen und unterdrücken. Eifersüchtig wachte er über alle meine Regungen und Gedanken und trug jeden noch so geringen Verstoß gegen seine moralischen Gesetze in sein großes Buch ein. Dieses Buch würde er am Tag des Jüngsten Gerichts aufschlagen und daraus eine erdrückende Beweislast gegen die Unschuld meiner Seele entnehmen und mich verdammen (so bis heute im liturgischen Hymnus Dies irae!). Nur unter der Bedingung der äußersten Anstrengung des Guten würde mich dieses Urteil nicht treffen... Als ich zerstört und verzweifelt war, wandte ich mich von diesem Gottesbild ab, und diese Abwendung dauert bis heute. Deshalb glaube ich nicht an Gott. Ich glaube an meine Menschlichkeit und Wärme, so zerbrechlich und klein sie auch sein mögen, und hoffe, daß sie vielleicht in einen ‚anderen' Gott münden oder in ihm ihren Ursprung haben."

Mit der Bitte um Geduld

Hier wird also ein vergiftetes Gottesbild (das wahrlich nicht dem Gott der Bibel entspricht!) als Grund für den „Unglauben" angeführt. In einer etwas anderen Weise äußerte sich eine Jugendliche:

„Liebe Mutter! Darf ich Dich so ansprechen anstelle Deiner ‚ungläubigen' Kinder? Wir wollen jetzt keine gegenseitigen Anklagen erheben, schreibst Du. Das ist ein gutes Wort, machen wir es wahr! Etwa gleichzeitig wurde von einer Tagung berichtet (‚Auf der Suche nach der christlichen Moral heute'), auf der Professor Volker Eid erklärte: Jesus habe keine Haltung des Laufen-Lassens praktiziert, sondern Annahme des anderen, Zuwendung, Vergebung, Anerkennung, Ermutigung – ohne Vorwurf und Bedingung. Laß uns, liebe Mutter, diese Haltung einnehmen! Du erkennst an, daß vieles an uns Kindern, die nicht mehr zum Gottesdienst gehen, durchaus noch christlich ist: Aufrichtigkeit, Hingabe an den Mitmenschen, Selbstlosigkeit, Treue. Wir Kinder sehen darin eine Chance, neue Lebensmöglichkeiten aufzudecken; vielleicht auch als Anfang, um in die Kirchengemeinde etwas Gemeinschaft hineinzutragen, zum Beispiel aus Selbsthilfegruppen heraus... In Liebe – schreibst Du am Schluß. In Liebe grüßen wir Dich und Vater, in der Verantwortung, wie

Christus nicht alles ‚laufen zu lassen', im Suchen nach einem Neubeginn. Habt weiterhin Geduld mit uns – Dein Kind."

Unbewußtes, Selbstrechtfertigung

Auf diesen – sagen wir einmal: psychologischen – Aspekt der Glaubensweitergabe heute wies auch die ausführliche Zuschrift eines Pädagogik-Professors hin, Vater von drei jugendlichen Kindern. Er trifft offenbar einen wichtigen Kernpunkt unserer Diskussion, der in ähnlicher Weise auch in anderen Leserbriefen angesprochen wurde:

„Die Frage, was haben wir Älteren falsch gemacht, wo liegt unsere Schuld, wenn erwachsene Kinder von Glaube und Kirche nichts mehr wissen wollen, wird oft gestellt. Nun, die Schuld der Eltern liegt zumeist nicht darin, dieses oder jenes falsch gemacht zu haben, sondern ‚nur' darin, das Kind – besonders das ganz kleine – nicht *so* geliebt zu haben, wie es das gebraucht hätte. Das hängt damit zusammen, daß Erziehung immer wieder so mißverstanden wird, als gelte es, die Kinder nach jenem Bild zu formen, das die Eltern selbst – oder auch: die Gesellschaft, die Kirche – von einem (anständigen, guten, christlichen) Menschen haben. Was für das Kind gut ist, glauben die Eltern besser zu wissen als das Kind selbst. Das gilt aber nur insofern, als es sich um die notwendige Anpassung an die Normen der Gesellschaft handelt, diese geschieht gewiß auf dem Weg der Nachahmung. Sie setzt allerdings die Entwicklung einer gesunden Ich-Stärke (Selbstbejahung) voraus, sonst kippt sie später leicht in Auflehnung um.

Entscheidender für unser elterliches Versagen ist jedoch, daß wir uns nicht tief genug mit unseren eigenen *unbewußten* Strebungen, Wünschen und Bedürfnissen auseinandergesetzt haben, so daß wir diese auf die Kinder übertragen (projizieren). Das Kind darf nicht mehr sein eigenes Leben leben, sondern wird von uns mißbraucht, obwohl wir das alles für ‚Liebe' halten. Von daher wird auch deutlich, wie sehr zum Beispiel dieser ‚Brief an meine ungläubigen Kinder' im Grunde von der *Angst* und von einem daraus resultierenden Drang nach *Selbstrechtfertigung* bestimmt ist.

Es ist verletzter Stolz, wenn wir als Eltern uns bei den Kindern beklagen, daß sie den Gott ihrer Mutter und ihres Vaters verlassen haben. Daß sie nicht mehr am kirchlichen Leben teilnehmen, obwohl wir uns so irrsinnige Mühe gegeben haben... Was uns selbst nur als ‚Sorge' erscheint, ist in Wirklichkeit ‚Gekränktsein' über das Verhalten unserer Kinder, über deren ‚Majestätsbeleidigung'.

Viele werden jetzt antworten: Aber man kann uns doch nicht die ehrliche Sorge um das Heil unserer Kinder absprechen, das nach unserer Anschauung daran hängt, daß sie gläubige Christen sind!

Nein, diese Sorge soll niemandem abgesprochen werden. Es geht aber darum, *wie* wir sie wahrnehmen. Woher wissen wir, daß das Heil unserer Kinder am Gottesdienstbesuch und an den anerzogenen Gebetsformen liegt? Trauen wir Gott nicht zu, daß er sich unseren Kindern so zeigt, daß sie auf ihre

Weise ihm persönlich begegnen? Liebt er sie nicht mehr als wir, die wir zugeben müssen, daß unser Vorbild trotz allen guten Willens sie eher von Gott weg- als zu ihm hingeführt hat? Ja, mit einer religiösen Erziehung, die Kinder durch Druck zu guten Christen machen will, arbeiten wir Gott, der die Freiheit des Menschen will, direkt entgegen. Wir tun es aus Angst, um dies noch einmal zu sagen, nicht aus Boshaftigkeit.

Wird Gott uns zur Rechenschaft ziehen? Ich denke, er wird es. Er wird tatsächlich fragen, ob wir uns ängstlich an unsere eigenen Begrenztheiten geklammert und unser Minderwertigkeitsgefühl durch Leistungen zu kompensieren gesucht haben, oder ob wir in einem großen Vertrauen ihm uns und unsere Kinder übergeben... Letztlich, meine ich, heißt religiöse Erziehung, daß wir uns von Gott das Vertrauen zu ihm schenken lassen, das Bewußtsein des unendlich Geliebtwerdens, aus dessen Weite und Freiheit wir unsere Kinder un-bedingt lieben können, ohne sie zur Rechtfertigung unseres eigenen Selbstwertes zu brauchen."

Die Freiheit der Kinder Gottes

In diesen Äußerungen werden also die Ursachen für die Probleme der Glaubensweitergabe heute vor allem im Legalismus und Moralismus der institutionellen Kirche und der von ihr abhängigen Eltern gesehen, in einer „Gesetzlichkeit", welche die „Freiheit der Kinder Gottes" einengt, wenn nicht gar zerstört. Das ist tatsächlich ein wichtiger Gesichtspunkt. Der Psychologe und Philosoph Erich Fromm hat oft diese Defizite unseres Christentums angemahnt. Allerdings ist zu spüren, daß in diesen Stellungnahmen doch eine starke Spannung, wenn nicht gar negative Bewertung des Institutionellen überhaupt zum Ausdruck kommt: Kirche wird so zu einem rein äußeren Rahmen eines eigentlich inneren, geistig-personalen Geschehens. Was aber bedeuten uns dann noch fest geordnete Liturgien, die Sakramente, die sonntägliche Pflicht zum Gottesdienst? Sind die Gebote der Heiligen Schrift und der Kirche nur äußerliche Rahmenbedingungen, die der eigentlichen Liebe – zu Gott und zum Nächsten – eher entgegenstehen? Muß Gott als Richter, müssen die Strafandrohungen Jesu ganz aus unserem Glaubensbewußtsein gestrichen werden? Wir werden hier wieder an die Unterscheidung von Rechts- und Liebeskirche erinnert, die zu Anfang unseres Jahrhunderts im Anschluß an die Thesen des evangelischen Theologen Rudolf *Sohm* einmal hohe Diskussionswellen schlug. Da ist also vielleicht doch noch einiges weiter zu bedenken.

Zitieren wir zum Schluß die Zuschrift eines jüngeren Lesers:

„Der Generation der ‚ungläubigen Kinder‘ angehörend, stellt sich mir immer wieder die Frage: warum bei ähnlichen kulturellen, gesellschaftlichen und erziehungsmäßigen Rahmenbedingungen manche Menschen tief gläubig sind, während andere davon überhaupt nicht angerührt werden. Die Fragen ‚Was haben wir Älteren falsch gemacht?‘ und ‚Ist unser eigener Glaube zu schwach?‘ verdeutlichen unser kausales Denken, das immer einen handfesten Grund für alle Erscheinungen finden möchte. Doch wird in der Heiligen Schrift nicht gerade davor sehr nachdrücklich gewarnt? Befreiend ist dort die Überwindung des Dialektischen und die Auflösung des Paradoxes: dem Herrn dienen *und* die Feinde lieben, das Leben *im* Tod gewinnen. So liest man bei Johannes: Nicht ihr habt mich erwählt, sondern ich habe euch erwählt. Keiner kann einen anderen zum Glauben erwählen, wenn es diesem nicht ‚gegeben' ist. Möge Gnade bedeuten, etwas zu akzeptieren, wie es ist."

Eine säkularisierte Jugend?

Leserstimmen

Fast jeden Tag erreichen uns weitere Zuschriften, die auf die eine oder andere Weise Stellung nehmen zu dem *„Brief an meine ungläubigen Kinder“*. Einer schickte uns eine Statistik: im Jahr 1953 seien rund 60 Prozent der Katholiken unter 30 Jahren regelmäßig zum Sonntagsgottesdienst gegangen, im Jahr 1979 waren es nur noch 14 Prozent... Ein anderer: Es dürfe nicht heißen, unsere *ungläubigen,* sondern unsere *unkirchlichen* Kinder. Wir gingen völlig an der verhandelten Sache vorbei, wenn wir die jüngere Generation wegen ihrer unkirchlichen Haltung „in den Topf des Unglaubens“ werfen würden.

Versuchen wir wieder eine Zusammenfassung, die einige andere Stichworte aufgreift als beim letzten Mal. Dort wurde sehr deutlich das Verhältnis von Eltern und Kindern in seiner ganzen psychologischen Problematik, die sich auch auf die religiöse Frage auswirkt, angesprochen. Innere Annahme der Jugend, der Kinder, selbstlose Liebe, wie im Gleichnis vom „Verlorenen Sohn“ (und heute eben auch der „Verlorenen Tochter“). Wir könnten diesen Stimmen weitere bewegende Zeugnisse von Eltern hinzufügen, die trotz der religiösen Abbrüche in ihrer Familie den Kindern die Treue halten, sie innerlich nicht abschreiben. Nur ein Beispiel: „Als Älteste von zwölf Geschwistern und Mutter von fünf erwachsenen Kindern erfahre ich siebzehn sehr verschiedene Umwege, die, so vertraue ich, alle zum Herrn führen."

Das persönliche Verhältnis von Eltern und Kindern allein kann jedoch zur Erklärung der gegenwärtigen Situation – daß eine ganze Generation fast nahtlos unkirchlich geworden ist – wohl nicht genügen. Eine andere Mutter meint: „Auch ich habe schon so manchen Brief geschrieben, an jedes Kind einzeln – jeden aber in der Schublade gelassen. Auch ich habe oft über das Wort ungläubig nachgedacht. Auch wir versuchten, unseren Glauben den Kindern weiterzugeben ... Ich war etliche Jahre als Gemeindeschwester tätig. Ich begegnete Christen, die sich rühmten, wenn die Kinder treu den Fußspuren der Eltern folgten. Mir war es dann etwas unheimlich zumute, ich konnte nur stammeln: dann danken Sie Gott täglich auf den Knien ..."

Dann aber lenkt diese Zuschrift den Blick auf das gesellschaftlich-soziale Umfeld, das in unserer Frage mindestens ebenso wichtig erscheint wie das personale Verhältnis zu den Eltern:

„Neills anti-autoritäre Erziehung, unterrichtet an einer christlichen Schule, brachte das erste Erdbeben in unsere ‚gläubige' Familie. Durch moderne Theologie im Religionsunterricht wurde die nächste Basis erschüttert. Dann kam bei unserer ältesten Tochter der Drogeneinstieg, verbrämt mit psychedelischer Musik, die als pseudo-religiöse Untermalung (und Rechtfertigung) ihres Ausstiegs wirkte. Die Emanzipation, die leichte Möglichkeit für Jugendliche, mit wenig Mühe schnell zu Geld zu kommen, war in meinen Augen eine weitere Verführung, sich ein Leben ohne Gott zu bauen. Ich selbst geriet ebenfalls in eine große Krise. Gott schenkte mir und meinem Mann jedoch Menschen, die uns helfen konnten. Ihnen verdanke ich es, daß ich mein Christentum neu überdacht habe und den Kindern jetzt anders begegnen kann. Daß eine christliche Ehe keine Gewähr dafür bietet, daß auch die Kinder gläubig werden, das begriff ich jetzt. Unsere Kinder sind inzwischen alle aus dem Haus. Wir suchen immer wieder nach Wegen der Begegnung mit ihnen..."

Aus Symbolen werden Signale

Ein Vater: „In der Zeit des Vakuums, zwischen der Ablösung von uns Eltern und einer eigenen Entscheidung, folgen die Jugendlichen eben dem Trend der Gleichaltrigen. Und dieser ist nun einmal bei achtzig Prozent der heutigen Menschen massiv säkularisiert. Die Welt verheißt, auf alles eine Antwort zu haben. Mit ‚Welt' meine ich, was auf unsere Jugend von allen Seiten her eindringt: Konsumzwänge und Wohlstandsstreben, Berufsnöte, Probleme der Partnerschaft, Medienüberflutung und Zukunftssorgen. Wo das Pro-fane so mächtig ist, da drängt es nicht mehr ins Fanum, ins Heiligtum; auch nicht an den großen Festtagen, die unsere Kinder einmal mit uns begangen haben. Dieser allgemeine Trend speist sich aus vielen Wurzeln. Da ist einmal alles, was mit dem Wort ‚Selbstverwirklichung' verbunden ist und leicht in den reinen Egotrip entarten kann. Da ist weiter als Erbe der Aufklärung der ständig neue Versuch, über Schule und Schulsystem den ‚Traum der Gleichheit aller' zu verwirklichen. Wer aber Gleichheit radikal denkt, für den gibt es keine Autorität, auch keine religiöse Autorität mehr. Die entstehende Leere kann sich nicht anders füllen als durch ein übersteigertes, autonomes Ich oder durch die Meinung der Masse. Wahrlich, bei aller Freiheit: unsere Kinder sind nicht zu beneiden! Hinzu kommt das immer stärker abnehmende Symbolverständnis, das zu einem bloßen Signalverständnis – etwa im Straßenverkehr – abgesunken ist. Ohne Symbolerfahrung aber kann man weder die Liturgie noch die Sakramente mitfeiern. Diese Andeutungen mögen ihre Ursachenforschung ein wenig ergänzen. Sie stammen größtenteils aus meiner langjährigen schulischen Erfahrung..."

Statt „Milieu": „Basis"

Eine Leserin: „Wir brauchen nicht alles durch die Brille des Pessimismus und des eigenen Verschuldens zu sehen. Für die Schwierigkeiten, die uns bei der Weitergabe des Glaubens heute begegnen, gibt es meiner Meinung nach viele Gründe, z.B.:

Die Veränderung des gesellschaftlichen Umfeldes. Wir leben in einer Gesellschaft, die durch Wissenschaft und Forschung erfahren hat, daß die Macht des Menschen tatsächlich ungeheuer groß ist und daß wir Gott zur Gestaltung unseres Lebens ‚eigentlich' nicht brauchen.

Das Streben nach unbegrenzter Freiheit und der große Freiheitsraum, den unsere Gesellschaft bietet. In den Jahren, als unsere Kinder die Schule besuchten, wurden sie durch die dortige antiautoritäre Erziehung stärker geprägt als durch das Elternhaus.

Durch das Aufkommen der *modernen Massenmedien* gibt es zwar mehr Informationen für den einzelnen, aber zugleich wird das Empfinden für *absolute* Werte relativiert. Dadurch wurde ein tiefgehender Wertewandel eingeleitet, der sich auch in der Musik, in Kunst und Literatur niederschlug – auf den verschiedensten Qualitätsebenen.

Schließlich sind auch die Veränderungen im *öffentlichen Schul- und Bildungswesen* gewiß nicht folgenlos geblieben: Aufhebung der Konfessionsschulen und Aushöhlung der christlichen Gemeinschaftsschule. Durch die Bildung von zentralen Schulsystemen wurde die heranwachsende Generation oft unmerklich den kirchlichen Gemeinschaften ihres Heimatortes entfremdet."

Christlicher Glaube sei keine Privatsache – das wird immer wieder geschrieben, so groß der personale Faktor auch sein mag: „Namentlich junge Menschen brauchen für das Heranreifen zu einer gläubigen Persönlichkeit die Gemeinschaft Gleichgesinnter in Schule, Freundeskreis und nicht zuletzt in der Pfarrgemeinde." Wenn man diese Hinweise zusammenfaßt, kann man vielleicht sagen:

Der seit dem 19. Jahrhundert unternommene Versuch der Kirche, den überlieferten, christlichen Glauben im Gegensatz zur a-religiösen Öffentlichkeit durch Stärkung der Familie allein zu bewahren und den nächsten Generationen weiterzugeben, ist offenbar gescheitert, jedenfalls in vielen Familien. Auch das gesellschaftliche Stützsystem, das die Kirche aufgebaut hatte – katholische Verbände und Gesinnungsgruppen, Konfessionsschule, Bindung an die Kirche durch andere Sozialisationen wie Sport, Freizeitangebote usw. –, hat nur für eine kleine Gruppe von Menschen seine religiöse Bedeutung behalten. Das „Milieu", das zum Beispiel die christlichen Aktivisten in Frankreich nach 1945 „re-christianisieren" wollten, bröckelt weiter auseinander. Die Werte und Haltungen der modernen Massengesellschaft sind in den inneren Kern der Glaubensgemeinschaft eingedrungen: in Familie und kirchliche Gruppenbindung.

Wie aber geht es weiter? Ist dieser Auflösungsprozeß aufzuhalten?

Wir müssen an dieser Stelle zur Kenntnis nehmen, daß ebenfalls schon seit dem 19. Jahrhundert in der Kirche ein anderer Weg vorgeschlagen wurde als jener, wo die kleine religiöse Gruppe sozusagen wie ein Fels in der gottlosen Brandung der Umwelt wirkt: der der inneren Annahme der modernen Weltentwicklung als Ruf und Stimme Gottes, der ja Herr der Geschichte ist. Was will uns Gott durch die so problematische Herrschaft von Wissenschaft und Technik, durch Aufklärung und Mündigwerden des Menschen als Subjekt seiner Freiheit, durch das Problemfeld „Säkularisierung“ sagen? Wie ist das religiös-gläubig aufzunehmen?

Während diese Fragen bisher eher theoretisch von Theologen gestellt und erörtert wurden, wird es in unseren Tagen für Millionen von Christen in der westlichen Welt eben *ganz praktisch:* sie erkennen, wie vergeblich die religiöse Erziehung reinen Bewahrens ist, wie wenig die Kirche ein „Werk“ ist im Sinne von Werkgerechtigkeit, von ethischer Leistung und durchgefeiltem Systemaufbau. Freilich wäre es blutleerer Idealismus zu meinen, eine religiöse Gemeinschaft wie die christliche Kirche komme ohne jede Sozialisation, ohne jede Gruppenbindung aus. Aber offenbar muß diese, wie in der antiken Welt, im Horizont einer völlig neuen Weltentwicklung wieder von unten her aufgebaut werden. Wenn der Begriff „Basis“ heute ein pastoraltheologisches Modewort geworden ist, dann steckt darin ein hilfreicher Sinn: nur so kann in der säkularisierten Massengesellschaft begonnen werden, Kirche zu sein.

Wenden wir den Blick nach vorn

Stecken wir also unsere ganze religiöse Energie, wenn wir den Schmerz unserer Vergeblichkeiten überwunden haben, in *diese* Aufgabe! Seit Jahrzehnten gibt es wunderbare Zeichen eines christlichen Neuaufbruchs auch unter uns. Es mögen wenige sein, die sich in dieser Weise vom Geist des Herrn ergreifen lassen, und unter ihnen sind möglicherweise gerade nicht unsere eigenen Kinder –

aber diese wenigen werden das Antlitz der Erde erneuern.

Das ist keine Illusion. Wenn wir sagen, der Glaube kann Berge versetzen, dann heißt das gerade nicht, sich selber Sand in die Augen streuen über den tatsächlichen Zustand unserer Welt und vor allem der Jugend in Deutschland, die gewiß nicht auf den „Wegen des Herrn“ wandelt. Aber einige unter ihnen haben den Ruf gehört, das genügt. Ihr Glaube wird stark genug sein, unter den Voraussetzungen des Heute als „säkularisierte moderne Menschen“ das Evangelium so weiterzutragen, daß es Salz der Welt bleibt. Der Blick zurück – wie es früher einmal war – hilft jedenfalls nicht.

Der österreichische Psychologe Erwin *Ringel* hat in seinem umstrittenen und dennoch lesenswerten Buch „Religionsverlust durch religiöse Erziehung“ gesagt: „In jedem Großbetrieb, der mit einem so geringen Erfolgsquotienten arbeitet wie die Kirche (die infolge ihrer Angebote viel größere Erfolge haben könnte), wäre die dafür verantwortliche Leitung längst ausgetauscht, würde man auch nach neuen Wegen suchen, die Resultate zu verbessern.“ Tatsächlich: unsere Kirche muß grundlegend umgebaut werden, wenn sie dem Auftrag des Herrn treu, wenn sie Kirche inmitten der Menschen bleiben will. Seit dem Zweiten Vatikanischen Konzil hat dieser Umbau begonnen, die Baustelle ist immer noch recht unwirtlich. Sie mag auch noch nicht erfolgversprechend aussehen. Aber wenn wir aufmerken, erkennen wir durchaus die Zeichen einer Religionsform, die in die Zukunft weist.

Nicht nur Leserbriefe, auch längere Beiträge, die das Problem tiefer analysieren wollten, trafen in der Redaktion ein. Der folgende Artikel eines 28jährigen wurde in der Ausgabe vom 5. Oktober 1986 veröffentlicht (CiG Nr. 40/86, S. 333–34). Die Redaktion leitete ihn mit diesem Vorspann ein:

„Nur mit einigem Zögern stellen wir den folgenden Beitrag... zur Diskussion. Mit ihm soll nicht einer einseitigen Polemik gegen Kirche und Glaube Vorschub geleistet werden. Aber es wäre wohl falsch, diese Stellungnahme der jüngeren Generation zu unterdrücken. Wir müssen uns als überzeugte Christen einer solchen Argumentation stellen, auf sie antworten, sie widerlegen: daß der christliche Glaube keineswegs eine überholte religionsgeschichtliche Erscheinung ist. Und die Ethik Jesu – wie Rudolf Schnackenburg eben in seinem Buch ‚Die sittliche Botschaft des Neuen Testamentes' wieder unterstrich – vergewaltigt keineswegs das wahre Wesen des Menschen."

Wir werden keinen Schaden nehmen

Ein 28jähriger (N. N.)

Liebe gläubig-christliche Eltern! Neulich sah ich auf einem Blatt den in der Zeitschrift „Christ in der Gegenwart" veröffentlichten *„Brief an meine ungläubigen Kinder"* von Friederike *Kügler.* Ich möchte aus einer ganz persönlichen Sicht antworten: warum ich heute, 28 Jahre alt, nicht mehr gläubig bin.

Ich schreibe nicht, um anzuklagen, auch nicht, um den Eltern oder den kirchlichen Institutionen „Schuld" zuzuweisen. Ich arbeite in einem praktischen Beruf, aber ich habe mich doch lange Jahre mit dem Glauben meiner Eltern und meiner Heimatkirche, aus der ich auch offiziell ausgetreten bin, beschäftigt; nicht als Theologe, wohl aber als interessierter Zeitgenosse. Meine geistigen Interessen kann man „weitgespannt" nennen. Mein Name soll aus verständlichen Gründen anonym bleiben, er tut ja auch nichts zur Sache.

Je mehr ich mich mit diesem Thema beschäftigt habe, um so weniger wurde es mir ein Rätsel, warum ich als Sechzehnjähriger aufgehört habe, zu „praktizieren"; warum ich später – als ich ein wenig mehr nachdachte – dem Glauben der Kirche ganz den Abschied gab. Meine „Antwort" ist sicher nicht umfassend, aber jener Artikel war mir ein Anlaß, einmal meine persönlichen Erfahrungen und Ansichten zusammenzufassen. Vielleicht kann das auch andere, vor allem die Älteren anregen. Wenn ich an einigen Stellen scharfe Ausdrücke benutze, so will ich damit niemanden verletzen.

Wenn ich zurückdenke

Zuerst etwas über mein Leben, meine ersten religiösen Erfahrungen. Ich komme aus einem katholischen Elternhaus, war in meiner Jugend Ministrant, habe die erste heilige Kommunion empfangen und auch die Firmung. Meine Geschwister, meine Eltern und ich nahmen gewissenhaft am kirchlichen Leben teil, das heißt: wir gingen sonntags sehr regelmäßig zum Gottesdienst, zur Kommunion. Daheim wurde vor dem Essen gebetet, es wurde auch über religiöse Fragen gesprochen. In kirchlichen Gruppen und Vereinigungen waren meine Eltern allerdings nicht, sie lasen jedoch kirchliche Zeitschriften, auch der „Christ in der Gegenwart" ist mir noch aus jener Zeit bekannt.

Wenn ich diese Phase kennzeichnen soll, so könnte ich vielleicht sagen: die Kirche gehörte zu meinem Leben wie die Luft und das Wetter. Sie war für mich eine selbstverständliche Realität wie der Kindergarten, die Schule, die Verwandten, die kindlichen Freunde. Im Religionsunterricht war ich kein schlechter Schüler, und ich habe gewiß manche durchaus sympathischen Priester kennengelernt. Über die Religiosität meiner Eltern – Vater war eher noch etwas frömmer als die Mutter – möchte ich hier nichts sagen, weil es zu sehr den persönlichen Bereich berührt. Nach wie vor nötigt mir ihre Haltung, auch wenn ich später andere Wege gegangen bin (sie wissen nichts von diesen Zeilen), Respekt ab. Die Eltern, nicht nur die Mutter, haben mit uns gebetet und uns auf eine kindgemäße Weise den christlichen Glauben vermittelt. Jeder von uns hatte eine Kinderbibel, bekam christliche Bücher geschenkt, religiöse Bilder für die Wände unserer Zimmer.

Wenn ich daran zurückdenke, wie das auf mein junges Inneres gewirkt hat, so bin ich mir unsicher. Vielleicht habe ich nie eine wirklich tiefgehende religiöse Erfahrung erlebt! Ja, ich muß zugeben: schon sehr früh drückte ich mich recht gern vor den sogenannten religiösen Pflichten. Wenn ich nicht angehalten wurde, betete ich kaum oder nur sehr oberflächlich. Bei meinen Geschwistern war das vielleicht anders. Es mag sein, daß ich einmal eine wirklich „fromme Phase" hatte, aber ich erinnere mich nicht mehr daran. Ob ich solche Erlebnisse verdrängt habe? Mir fällt im Rückblick eher ein, daß ich mich offenbar schon sehr früh beim Gottesdienst unendlich langweilte. Ich war immer froh, wenn er zu Ende war.

Die erste heilige Kommunion? Selbstverständlich glaubte ich fest daran, daß der Heiland nun ganz persönlich zu mir, in mein Herz kam. Aber ich konnte nichts Richtiges damit anfangen. Vielleicht bin ich nicht „begabt" für Religion? Bei der Firmung glaubte ich durchaus, eine wirkliche innere

Entscheidung für Christus getroffen zu haben. Der Firmunterricht war sehr modern und griff, wie die Katecheten glaubten, all unsere Probleme auf. Ich war nicht unzufrieden dabei. Aber wenn ich aufrichtig bin, dann muß ich sagen: existentiell ergriffen hat mich das nicht. Ich meine auch, daß ein 15jähriger noch nicht reif für eine solche Entscheidung ist.

„Von gestern"

Heute habe ich dagegen eine wirkliche, auf einer – wie ich meine – rational und personal begründeten Ebene beruhende Entscheidung getroffen. Alles, was mit Kirche und Christentum zusammenhängt, ist meiner Meinung nach eine überholte Sache von gestern, Vergangenheit, Geschichte. Religion und Kirche nötigen mir zwar noch eine gewisse Hochachtung ab, aber nur als eindrucksvolles Zeugnis der Geschichte. Der moderne Mensch braucht meiner Meinung nach den christlichen Glauben nicht mehr.

Die überwiegende Mehrzahl von uns Jüngeren hat einfach ein anderes Lebensgefühl, als die Älteren es haben. Manchmal habe ich geradezu Mitleid mit jenen, die noch in die Kirche gehen: sie hängen letztlich einer verlorenen Sache an. Alles Reden von „Erneuerung" des Glaubens ist doch wohl nichts anderes, als sich selbst Sand in die Augen zu streuen.

Ich beanspruche nicht, hier eine vollständige Widerlegung aller kirchlichen Lehren und Ansichten auszubreiten. Das haben seit Voltaire und

Feuerbach andere besser und umfassender getan. Ich will dagegen schildern, wie bei mir persönlich der sogenannte christliche Glaube trotz der geschilderten recht guten Voraussetzungen in Elternhaus, Schule und Pfarrei ziemlich schnell „ausgetrocknet“ ist.

Ich glaube, die meisten Jugendlichen entfernen sich von der Kirche in der Zeit der Pubertät aufgrund ihrer ersten sexuellen Erfahrungen. Ich kann nicht sagen, daß ich große Angst vor der „Todsünde“ des Geschlechtsverkehrs gehabt hätte, als ich fünfzehn – sechzehn Jahre alt war. Aber mir war durchaus bewußt, daß die Kirche es verbietet, mit einem Mädchen ins Bett zu gehen, ohne daß man verheiratet ist. Was tun? Während der Tanzstunden und der ersten erotischen Erlebnisse geriet ich durchaus in Konflikte. Wollte ich nicht ein guter Christ sein? Aber fast alle Kameraden – auch die Mädchen, auch die sogenannten Frommen – kümmerten sich schon früh so gut wie überhaupt nicht um die kirchliche Moral. Das war ein gewisser Schock für mich. Natürlich konnte ich über diese Fragen nicht mit meinen Eltern, auch nicht mit meinen Geschwistern sprechen. Ich glaube nicht, daß sie mich überzeugt hätten – in der Phase der Pubertät! Es ist ganz klar: der Wunsch nach sexuellen Erlebnissen entfernte mich als erstes von meinem Christentum. Und als einmal der Bann gebrochen war und ich mich von dem Gedanken befreit hatte, sexuelle Zärtlichkeit und Lust außerhalb der Ehe sei eine Sünde, geriet meine Bindung an die Kirche schnell völlig ins Wanken.

Die Mädchen, mit denen ich befreundet war, dachten genauso. Auch sie gingen nicht mehr in den Gottesdienst, weil sie nicht „Sünderinnen" sein wollten. Sexuelle Zärtlichkeit gehört doch zur Natur des Menschen und kann nie, wenn man aufrichtig einander zugetan ist, „Sünde" sein. Die Unterscheidung „vor der Ehe" und „in der Ehe" ist eine künstliche Konstruktion. Als Älterer sieht man diese Probleme sicher nicht mehr so scharf wie in der hitzigen Zeit der ersten Pubertät. Trotzdem hatte unser damaliger Instinkt völlig recht. Und die meisten Menschen denken und handeln ja ebenso. Man schaue sich nur die Publikumszeitschriften an, die von Millionen gelesen werden. Selbstverständlich wird weiter geheiratet, viele Paare möchten auch ein Leben lang zusammenbleiben. Aber für die meisten Menschen heute ist eheliche Treue nicht unbedingt gleichbedeutend mit sexueller Treue. Schriftsteller wie Ibsen oder Tennessee Williams oder Filmemacher wie Ingmar Bergman – man kann bis zu Goethes Wahlverwandtschaften zurückgehen – haben deutlich gemacht, welche unmenschlichen Folgen daran geknüpft sind, wenn man die Ehe zu einem moralischen Gefängnis macht, wie die Kirche es doch praktisch tut. Ich sage nicht, daß es keine Ehen gibt, bei denen eheliche Treue nicht auch sexuelle Treue bedeutet. Aber man kann diese persönliche Haltung nicht als ein allgemeines Gesetz für alle erklären.

Die jungen Menschen von heute, die eine freiere Sexualität leben – die Verhältnisse sogar in katholischen Studentenwohnheimen sprechen für sich –, lehnen gewiß nicht die Moral an sich ab. Ich bin auch nicht der Meinung, daß absolute sexuelle Libertinage das höchste Ideal darstellt und sexuelle Promiskuität sozusagen die Regel werden soll. Aber die Kurzsichtigkeit und Lebensfremdheit der kirchlichen Lehre zum sechsten Gebot liegt heute offen auf der Hand. Dies ist keine überzeugende Lösung mehr.

Wenn man einmal in bezug auf christliche Vorstellungen und Gebote eine gewisse Grenze hinter sich gelassen hat – bei dem einen geschieht dies im Alter von fünfzehn Jahren, beim anderen vielleicht erst um das zwanzigste Lebensjahr herum –, beginnt bald auch vieles andere, was man vom christlichen Glauben als „wahr“ empfangen hat, zu wanken. Man geht in nachdenklichen Stunden mit sich zu Rate: Ist vielleicht auch sonst die Lehre des Christentums vom Menschen und seiner Natur nicht zutreffend?

Vielleicht taucht als zweites – so war es bei mir – die Frage der *Autorität* auf. Wenn die Autorität der Kirche in einer so wichtigen Frage wie der geschlechtlichen Liebe auf so unsicherem Boden steht, ist vieles, was sie lehrt und vorschreibt, vielleicht auch sonst zweifelhaft. Ich habe gelernt, nicht nur die praktischen Schwächen der kirchlichen Institutionen mit klareren Augen zu sehen, sondern auch sonst das, was Päpste und Bischöfe, Pfarrer und Theologen sagen, mit nüchternen, nicht unbedingt gläubigen Empfindungen zu prüfen. Andere Autoritäten wurden wichtiger und wirkten Schritt um Schritt überzeugender: große a-kirchliche und antikirchliche Geister der Geschichte wie die kleinen Vorbilder in der Welt, in der man lebt. Wie viele anständige und gute Menschen habe ich kennengelernt, die mit den christlichen Kirchen nun wirklich nichts mehr zu tun haben wollen! Sollen sie sich alle irren?

Die Erfahrung zeigt bald, sind einmal die Augen geöffnet: was an Moral und Ethik notwendig ist unter den Menschen, kann auch ohne Kirche erkannt und gehalten werden. Eine Gesellschaft, in der die Kirche nicht mehr als der bestimmende Faktor gilt, ist keineswegs „unmoralischer" als eine sogenannte christliche Zivilisation (wie im Mittelalter oder im Barock). Menschen, die aus der Kirche ausgetreten sind, leben moralisch durchaus nicht „schlechter" als die Kirchenchristen.

Skepsis auf Skepsis

Aus dem moralischen Zweifel entsteht also – so war es bei mir – die intellektuelle Skepsis. Ich möchte ein Beispiel nennen, über das ich schon als junger Mann viel nachgedacht habe: die *göttliche Dreifaltigkeit,* wie sie die christliche Dogmatik behauptet. Ich halte diese Lehre für eine absurde Konstruktion eines kranken religiösen Geistes (ob die Redakteure diesen Satz stehenlassen?). Ich bin durchaus der Meinung, daß unsere Welt irgendwie von einem höheren Wesen erschaffen worden ist, daß es möglicherweise für uns alle auch ein „ewiges Leben“ gibt. Aber nun genau wissen zu wollen, daß es in Gott „drei Personen“ und „eine Natur“ gibt: das ist einem denkenden Menschen nicht zumutbar. Ich kann mich zu solchen Höhen göttlicher Subtilität nicht aufschwingen!

Manchmal denke ich, daß gebildete Theologen selber doch kaum so etwas für wahr halten können. Wollen sie uns zum Narren halten? Dann die anderen Lehren, die zumindest von der katholischen Kirche als verpflichtend auferlegt werden: daß die Mutter Jesu bei der Geburt ihres Sohnes Jungfrau geblieben, die Zeugung Jesu durch den Heiligen Geist geschehen sei; daß es in Jesus „eine Person“ und „zwei Naturen“ gebe. Oder die Lehre von der Erbsünde, vom Teufel, von der Unfehlbarkeit des Papstes...

Vielleicht klingt eine solche lapidare Aufzählung schlagwortartig. Aber kann man von einem jungen Menschen den Horizont eines Philosophen oder gar eines Mystikers verlangen? Wie in jenem Artikel von Friederike Kügler gesagt wird: eines heiligen Augustinus oder eines Pascal? Man kann natürlich auch im Gegenteil auf große Freigeister, Gottesleugner und Religionsspötter (ich bin kein solcher) hinweisen, die alle gewiß keine Dummköpfe waren: von Giordano Bruno über Lessing und Nietzsche bis zu Freud, Popper, Adorno und Bertrand Russell.

So fügt sich bei einem jungen Menschen, zuerst aus einem ganz natürlichen Instinkt heraus, dann bewußter und reflektierter, Zweifel auf Zweifel, Skepsis auf Skepsis.

Liebe gläubige Eltern, die ihr noch zur Kirche haltet! Begreift ihr ein wenig, daß wir nicht aus Bosheit der Kirche den Rücken kehren? Um euch zu verletzen, um den überlieferten Glauben aus einem hämischen Impuls heraus abzustreifen?

Es wird oft gesagt, viele Jugendliche meinten heute: *Jesus ja – Kirche nein.* In einem gewissen Sinn kann auch ich das sagen. Jesus ist eine Gestalt, die mir weiterhin Respekt einflößt. Ich habe vielleicht zu wenig in der Bibel studiert, aber wenn man einmal die vielzitierte Bergpredigt wirklich liest oder zum Beispiel die sogenannten Gerichtsreden Jesu, dann muß man doch sagen: Wenn viele moderne Jugendliche meinen, „ja“ zu Jesus sagen zu können, dann ist dies *nicht* der Jesus der Bibel, sondern ein Jesus, den sie sich selbst zurechtgemacht haben. Ich selber halte nichts von solchen Spielereien. Nicht nur die Kirche, die ganze Bibel ist voll von absurden Behauptungen und Forderungen, auch wenn man diese heute kritisch „entmythologisiert“. Man spricht davon, daß ein „mündiger“, ein „erwachsener“ Glaube durchaus mit unserem aufgeklärten Bewußtsein zu vereinen ist. Tatsächlich gibt es Professoren, hochgebildete Menschen, Schriftsteller und auch Naturwissenschaftler, die nach wie vor den kirchlichen Glauben des Christentums bekennen. Aber ich meine, daß die meisten von ihnen subjektive Auswahlchristen sind, das heißt: sie nehmen keineswegs die ganze Heilige Schrift, den ganzen Glauben der Kirche an. Sie machen sich – und das ist ja ganz modern – ihren eigenen Glauben zurecht, auch wenn sie aus Gründen eines „höheren Gutes“ in der Kirche bleiben. An die kirchliche Sexualmoral hält man sich zum Beispiel sogar in streng kirchlichen Kreisen nicht mehr. Mancher, der regelmäßig zur Kirche geht, ist nur noch gläubig, weil er „nicht so genau hinglaubt“. Ihm ist das Wesentliche wichtiger, die Religion „an sich“, die Möglichkeit der sakramentalen Kommunion. Aber ist eine solche Unterscheidung wirklich zulässig? Bedeutet „erwachsener“, „mündiger“ Glaube dies, daß man die allzu offensichtlich falschen Antworten des christlichen Glaubens ignoriert?

Eine „neue“ Religion?

Ich gebe zu, daß es vielleicht möglich ist, innerhalb der Kirche ein „modernes religiöses Bewußtsein“ zu haben, sozusagen in den Nischen des offiziellen Christentums eine menschliche, auf der wahren Natur des menschlichen Wesens beruhende Religiosität zu entwickeln. Aber viele Jugendliche lehnen gerade eine solche Halbherzigkeit ab! Auch wenn sie keine „besseren“ Menschen sind als ihre Eltern – dieser Überheblichkeit modernen Unglaubens möchte ich keinen Vorschub leisten –, so wollen sie doch die vielfach übliche Schizophrenie zwischen „Moderne“ und „Kirche“ nicht mitmachen. Sie *können* es oft auch nicht mehr, ihre Seele würde zerstört. Sie möchten menschlicher, eindeutiger, bewußter leben...

Ob es für die kommenden Generationen eine „neue“ Religion gibt, sozusagen jenseits des Christentums und der überlieferten Religionen der Alten Welt? Ich weiß es nicht. Manchmal würde ich gern an einem Gottesdienst teilnehmen, mich in traurigen Stunden im Schutz eines höheren Wesens geborgen wissen. Oder zu einem Priester gehen, damit er mir meine Schuld, die ich natürlich auch als Nichtchrist empfinde, verzeiht. Oder eine sichere Gewißheit haben: dein Leben ist nicht umsonst, es gibt eine Bestimmung, die über uns hinausweist. Aber ich sehe keine Möglichkeit, eine solche religiöse Hoffnung innerhalb der christlichen Kirche zu verwirklichen, wenn ich ehrlich bleiben will. Zu viele Widersprüche in der sogenannten Offenbarung, zu viel Ungereimtes und Widersinniges hindert mich, meine religiösen Bedürfnisse innerhalb der Kirche zu leben.

Aber ich bin außerhalb der Kirche durchaus nicht unglücklich. Im Gegenteil, ich glaube, daß ich menschlicher und moralischer lebe als mancher Kirchgänger; auch wahrhaftiger. Die Zeit der Kirche ist endgültig abgelaufen. Das Christentum war eine vielleicht notwendige Phase in der Menschheitsgeschichte, und es hat viel Gutes gebracht. Dies sollten wir auch anerkennen. Aber so, wie ich die Kirche nicht brauche, so brauchen Millionen von Menschen die Kirche nicht mehr. Die Älteren sollen sich nicht darüber grämen. Wir achten sie als unsere Eltern, als die Älteren, auch wenn wir viele ihrer

Ansichten und Haltungen nicht mehr verstehen. Für diejenigen, welche die Kirche brauchen, sollte sie auch weiter bestehen. Vielleicht wird es immer welche geben, für die eine Kirche notwendig ist. Aber die kommende Welt bauen wir ohne Christus, ohne Kirche, und wir werden keinen Schaden nehmen, wenn wir so handeln.

Auf den anonymen Artikel des N.N. trafen nun wieder viele neue Zuschriften in der Redaktion ein, die das Problem von einer anderen Seite beleuchten wollten. Jüngere und Ältere berichteten von ihren persönlichen Erfahrungen und brachten Gesichtspunkte ein, die noch nicht zur Sprache gekommen waren. Als erstes in dieser zweiten Runde der Diskussion wurde der folgende Beitrag eines 19jährigen Abiturienten veröffentlicht, in der Ausgabe vom 30. November 1986 (CiG Nr. 48/86, S. 397–98). Der Haupttitel „Das Wagnis der Existenz" wurde hier weggelassen, der Artikel trägt also den in der Zeitschrift veröffentlichten Untertitel.

Was heißt gläubig? Was heißt ungläubig?

Norbert Richter

Ich fühle mich als ein Jüngerer (ich bin neunzehn Jahre alt und Schüler) eingeladen, den Vorstellungen meines 28jährigen Generationsgenossen Gedanken wiederum ganz persönlicher Natur entgegenzustellen, nicht ohne Sinn für denjenigen, der sie einmal mitdenken mag.

Bin ich ein überzeugter Christ? Nein. Was die Redaktion sich von uns Lesern wünscht, daß wir die Argumentation des anonymen Briefschreibers „widerlegen", kann ich deshalb von vornherein nicht leisten.

Bin ich ein überzeugter Nichtchrist? Auch das nicht. Wäre es anders, könnte ich mir diesen Brief sparen. Ich gehöre keinem Lager an, vielmehr bewege ich mich zwischen den Fronten.

Der Grund dafür ist gerade nicht die Weigerung, sich zu entscheiden, ist gerade nicht Halbherzigkeit, ist gerade nicht das Bedürfnis, sich der religiösen Auseinandersetzung zu entziehen und etwa eine rein beobachtende Haltung einzunehmen.

Der Grund dafür ist eher die Entscheidung, sich nicht in der Annahme einer festen religiösen Position zur Ruhe zu setzen, das Gefühl, daß sich hinter dem endgültigen „Überzeugtsein" Gläubiger wie

Nichtgläubiger immer eine Spur von Müdigkeit und Unaufrichtigkeit verbirgt.

Wie ich mir die Alternative dazu vorstelle, kann ich vielleicht im folgenden streiflichtartig erhellen, wenn ich, ein wenig flüchtig wohl und mit manchen Abschweifungen, an den Gedanken des „Briefes“ entlanggehe...

Ich will, zu meiner eigenen Orientierung, den Gang des Berichts und der Argumentation des Autors noch einmal in aller Kürze zusammenfassen.

Sind religiöse Wahrheiten beweisbar?

Sein Verhältnis zur Religion während seiner Jugend war, wie er schreibt, infolge einer geordneten religiösen Erziehung durch eine Art von „Gewohnheitsglauben“ gekennzeichnet, einen Glauben ohne existentielle Ergriffenheit. Ich stimme mit ihm darin überein, daß das in diesem Alter die Regel sein wird.

Was man ihm sagte über Gott, Welt und Moral, nahm er als unumstößliche Wahrheit an – vorläufig. Dann kam die Pubertät, plötzlich gerieten unabweisbarer sexueller Naturinstinkt und gewohnte „Wahrheit“ in einen Gegensatz von bis dahin nie erlebter Schärfe. Aus dem Konflikt erwuchs die Erkenntnis, sexuelle Zärtlichkeit könne nie, wenn man aufrichtig einander zugetan sei, Sünde sein, also sei die christliche Lehre hier im Irrtum.

Und dann, schreibt er, geriet seine Bindung an die Kirche – und mit ihr auch die an den christlichen Glauben überhaupt – schnell völlig ins Wanken. Die christliche Dogmatik wurde einer kritischen

Untersuchung unterworfen, sie wurde auf ihren Wahrheitsgehalt und ihre Glaubwürdigkeit hin überprüft – und entpuppte sich unter diesen Kriterien als „absurd". Das gelte, sagt der Autor, gleichermaßen für die Ethik: die ethischen Vorstellungen der Bibel ebenso wie der Kirche seien von derselben Widersinnigkeit durchdrungen wie die übrige Glaubensdogmatik. Das notwendige Quantum an Moral könne der Mensch selbständig erkennen und halten.

Und die Schlußfolgerung? Der Autor hat sie vorausgeschickt: die Lehre des Christentums vom Menschen und seiner Natur sei objektiv unzutreffend, ja, sie sei widerlegbar, wie Voltaire und Feuerbach zeigten. Der moderne, das heißt wohl mündige und aufgeklärte Mensch brauche deshalb den christlichen Glauben nicht mehr, überhaupt habe das Christentum historisch ausgespielt...

Hier ist dann für mich der Augenblick des Widerspruchs gekommen. Obwohl noch ein wenig jünger als der Autor, scheint es mir, als wäre ich gar nicht derjenige, den er mit so federnder Leichtigkeit als *den* modernen Menschen bezeichnet. Oder beser: Ich kann mir unter einer so kategorischen, so verabsolutierenden Bestimmung nur wenig vorstellen. Ich vermag mich weder darin noch außerhalb davon einzuordnen.

Ähnliche Schwierigkeiten habe ich auch mit der „wahren Natur des menschlichen Wesens". Denn sollte es sie geben, diese „wahre Natur" des Menschen, und könnte ich sie erkennen (was nicht der Fall ist), so könnte sie doch nie persönliche Bedeutung für mich gewinnen: denn ich bin nicht der Mensch schlechthin, sondern ein einsam Existierender, und die Kenntnis der „wahren Natur" hilft mir in ihrer ganzen Abstraktheit beim Existieren wider Erwarten gar nicht.

Die Frage nach der existentiellen Relevanz (Bedeutung) ist deshalb die Kernfrage, die ich, inzwischen selbst dem Gewohnheitsglauben der Kindheit entwachsen, an Religion und Ethik stellen will. Merkwürdig genug, daß man noch immer landauf, landab im Zusammenhang mit religiösen Wahrheiten von „beweisen" oder „widerlegen" redet, als ginge es um die rationale Bestimmung irgendeiner objektiven „Sache"!

Bin ich vielleicht bloß zu unkritisch? O nein; nur treibe ich die Skepsis noch ein kleines Stückchen weiter als der Autor und komme zu dem Ergebnis, daß es in der Frage nach Gott, Mensch und Ethik, im Grunde genommen in allen philosophischen Fragen, mit dem Beweisen überhaupt ganz schlecht bestellt ist, weil man am dunklen Anfang der Beweiskette doch immer wieder auf Axiome (grundlegende, aber selbst nicht weiter beweisbare Lehrsätze) stößt. Was also in Religion und Philosophie zuweilen eher oberflächlich als „objektive Wahrheit" bezeichnet wird, ist letzten Endes bloß Konsens, und meist ist dieser Konsens heute – zum Glück – nicht mehr unendlich breit. (Daher die Problematik solcher Bestimmungen wie „Moderne" und „wahre Natur des Menschen".)

Auf solchem Boden wächst nichts...

Nichtsdestoweniger sind die religiöse Apologetik wie auch die Religionskritik – denn darin sind sie sich einmal einig – getränkt, um nicht zu sagen: vergiftet von diesem Streben nach der „objektiven Wahrheit“. Wer, wie der Autor, ganz in diesem Geist denkt, ist in mancher Hinsicht konsequent, wenn er sich vom Glauben distanziert, und auch die Ablehnung des Göttlichen überhaupt müßte man ihm dann als letzte Konsequenz zugestehen. Und wer, auf der anderen Seite, jenes Schwert des rationalistischen „Objektivismus“ ergreift, um den Glauben zu verteidigen, wird unfehlbar auch dadurch umkommen, denn nirgends ist das „Objektive“ so fehl am Platz wie in Religion und Ethik.

Eine religiöse Wahrheit, die beweisbar wäre, bedürfte nämlich meines Glaubenseinsatzes nicht mehr. Ich nähme sie hin, sie würde von mir als Wissen abgespeichert. Auf solchem Boden wächst nichts, dies braucht es auch gar nicht, da ja längst alles fertig ist. Ebenso in der Ethik: das Gute, das objektiv und beweisbar wäre, brauchte nur noch als Gesetz für alle einheitlich fixiert zu werden. Es fordert künftig von mir nur noch ein Funktionieren, keinerlei Einsatz der Persönlichkeit. Solange ich deshalb dem Religiösen und dem Ethischen bloß das Kriterium „objektiver Wahrheit“ entgegenwerfe, bleibe ich – abgesehen von der Selbsttäuschung, der ich mich dabei hingebe – diesseits aller Persönlichkeitsentwicklung stehen. Die Lebbarkeit des scheinbar „Objektiven“ erschöpft sich in jenem unterschiedslosen Funktionieren, dem die Selbstwerdung des einzelnen wesenhaft fremd ist.

Die Rolle der Subjektivität

Nun gehöre ich aber zu den Unglücklichen, die an dieser ominösen Selbstwerdung hartnäckig festhalten, die sich darunter durch alle inflationäre Begriffszerfledderung hindurch noch etwas vorstellen können. Nach dem Zuendedenken des skeptizistischen Ansatzes sehe ich mich in Sachen Religion und Ethik, mangels objektiver Wahrheiten, auf mich selbst zurückgeworfen. Wenn es für mich religiöse und ethische Wahrheiten gibt, dann sind sie zwangsläufig subjektiv. Sie sind nicht zu beweisen und deshalb auch nicht im üblichen Sinne zu wissen; ich muß sie vielmehr ergreifen, ich muß sie mir aneignen, sie müssen Teil meiner Person und meines Lebens werden. Deshalb bedürfen Religion und Ethik der Leidenschaft; in rein rationaler Distanziertheit bleiben sie letztlich völlig aus.

Der Autor des Briefes schreibt, er würde gerne eine sichere Gewißheit haben, daß sein Leben nicht umsonst sei, daß es eine Bestimmung gibt, die über uns hinausweist.

Für mich gibt es eine solche Gewißheit nicht, wenigstens nicht im üblichen Sinne des Wortes. Ich suche sie weder innerhalb noch außerhalb der christlichen Kirche. Daß ich religiöse und ethische Glaubensgehalte nur existentiell, das heißt immer subjektiv, ergreifen kann, ist untrennbar damit verbunden, daß der Glaube an sie immer ein leidenschaftliches Wagnis bleibt. Mit fest geschlossenen Augen in eine Grube voller Rosen zu springen und dort auf ewig zu ruhen, vom Duft betäubt, das ist nicht meine Vorstellung von Religion.

Ich sage es noch einmal: Religion und Ethik bestehen im subjektiven Ergreifen unbeweisbarer Glaubensgehalte, oder sie bestehen gar nicht. Bestimmungen wie „objektiv“, „naturgemäß“ oder andersherum: „offensichtlich falsch“, „absurd“ und „unzumutbar“ sind ihnen wesenhaft fremd.

Ich kann also etwa, da ich spüre, daß mich irgend etwas hält, das selbst nicht Teil der mich umgebenden Welt ist, dieses zum Gegenüber meiner Existenz machen, mein Leben auffassen als ein dauerndes Sichkümmern um diese meine eigene Gottesbeziehung, die damit zum Eigentlichen meines Lebens wird, nicht nur zum Beiwerk beim Durch-die-Welt-Kommen.

Ich will damit andeuten, was es bedeuten kann, im existentiellen Sinne religiös zu sein – es muß im übrigen nicht gerade so sein, es kann auch anders sein, denn sonst wäre es wiederum bloß „objektiv“, also nicht existentiell. Eine exakte, objektive Gewißheit des richtigen Weges gibt es da nicht.

Aber dieses Streben, dem die Qualität existentieller Leidenschaft eigen ist, ist das Erhebendste, was überhaupt in dieser Welt unser Leben ausfüllen kann, und das einzige, was uns aus der Nivellierung des existentiell irrelevanten Glaubens an scheinbar Objektives herausführen kann.

Kein Sprung in die Rosengrube

Der Akt des fortgesetzten existentiellen Ergreifens ist nun natürlich kein Vorrecht der Religion im engeren Sinne. In der Ethik ist es nicht anders. Ich kann etwa den Geist der Bergpredigt, der die Liebe an die Stelle der Gerechtigkeit setzt (und darunter kann ich mir etwas vorstellen, das ist für mich gar nicht absurd!), sich mit meinem Geist, das heißt mit dem Bewußtsein eines existierenden Menschen, verschmelzen lassen. Ich kann das zu einem wesentlichen Stück meiner Person und meines Lebens machen, in der Weise, daß ich mich selbst verließe, wenn ich das Streben in und zu diesem Geist aufgäbe.

Nun ziehen freilich viele Menschen, vielleicht die meisten, den „objektiven“ Weg vor. Entweder lassen sie sich von der *Kirche* sagen, was die Wahrheit sei, oder sie bemühen umgekehrt *Voltaire, Feuerbach* und andere. Beides aber ist ein Sprung in die erwähnte Rosengrube. Es ermöglicht ein Scheinwissen ohne die Anstrengung subjektiver innerlicher Aneignung.

Oder man wendet, wie der Autor des Briefes, auf das Vorgegebene – nämlich auf die bestehende christliche Religion – dieselben sogenannten rationalen Kriterien an, die dieses seinerseits fälschlich für sich reklamiert hat. Das Ergebnis ist dann eigentlich voraussehbar. Je konsequenter man diese Kriterien anwendet, desto weniger Objektives, Gesichertes, absolut Allgemeingültiges bleibt übrig.

Am Ende der kritisch-rationalen Untersuchung stehe ich mit ziemlich leeren Händen da. Richtig wäre es nun, wenn diejenigen, die diesen Punkt einmal erreicht haben, erkennen möchten, daß ihnen ihr eigenes Denken letztlich doch wieder den Schwarzen Peter zugeschoben hat: den Zwang nämlich, sich selbst existentiell zu entscheiden, etwas zu wagen, subjektiv zu werden, es sei denn, man verzichte ganz auf die Selbstwerdung. Gesegnet die, die sich dann für den Aufbruch ins Wagnis entscheiden, statt in die Rosengrube zu springen. Leider kommen viele gar nicht so weit, weil sie sich auf halbem Wege in ihren rationalen Kriterien verfranzen und deshalb erst gar nicht in die Lage geraten, sich, auf sich selbst zurückgeworfen, für etwas entscheiden zu müssen. Ich habe den Eindruck, daß auch der Autor des Briefes zu diesen gehört.

Die Kirche und wir

Nun darf ich natürlich, auch wenn ich das gerne möchte, hier nicht aufhören, ohne noch ein paar Worte über die Kirche gesagt zu haben. Auch hier sehe ich den Autor und andere (auf beiden Seiten) in den üblichen Frontstellungen verharren, die der Sache gar nicht gemäß sind. Wenn ich an einer subjektiven Beziehung zum Religiösen überhaupt interessiert bin, wie immer sie auch aussehe, dann kann ich mir die Kirche nicht als eine mit dem Christentum objektiv identifizierbare Gegebenheit vorsetzen lassen – etwa so, wie man sich ein Fernsehprogramm vorsetzen läßt und dann nur noch zu entscheiden hat, ob man es sehen will oder nicht. Kirche ist immer der vergängliche historische Ausdruck einer Glaubensgemeinschaft; auf ihrem Antlitz kommt oft gerade die *Schwäche* ihrer Mitglieder am deutlichsten zum Ausdruck. Kirche darf deshalb dann aber auch nicht, wie der Autor es tut, als *adäquate Verkörperung* der in ihr möglicherweise zu ergreifenden (christlichen) Glaubensgehalte mißverstanden werden. Wer sein persönliches Verhältnis zur Kirche mit dem zum Christentum identifiziert, hat die im Christentum verborgenen *existentiellen* Möglichkeiten vielleicht schon im voraus verspielt.

Das heißt nicht, daß ich, indem ich der subjektiven Gottesbeziehung absoluten Vorrang einräume vor dem bloßen Hantieren mit historisch Vorgegebenem, Kirche für überflüssig erklären will. Aber Kirche soll nach meiner Vorstellung in Zukunft nicht religiöser Abspeisungsplatz sein, den man entweder besucht oder ihm fernbleibt, sondern sie soll vor allem Kommunikationsforum sein für diejenigen, die sich subjektiv für ein existentielles Christentum entschieden haben.

Der Autor spricht abfällig von „subjektiven Auswahlchristen", die sich „ihren eigenen Glauben zurechtmachen". Das ist ein Vorwurf, den man von der anderen Seite, nämlich aus kirchlichen Kreisen, gleichermaßen zu hören bekommt. Dahinter steckt eine geläufige, anscheinend auch vom Autor nie hinterfragte Polarisierung des Religiösen unter dem Motto: „Friß oder stirb" – sei es nun im kirchlichen oder im kirchenfeindlichen Lager.

Es geht durchaus darum, sich zu entscheiden; nur findet die Entscheidung nicht statt zwischen zwei vorgegebenen Alternativen; denn darin, daß man sie sich widerstandslos vorsetzen läßt, besteht gerade schon die Unmündigkeit und letztliche Bewußtlosigkeit der Entscheidung – ein Umstand, dem der Autor jenes Briefes leider selbst unterliegt. Die Entscheidung, die vom einzelnen zu treffen ist, besteht vielmehr im Eintreten (oder Nicht-Eintreten) in eine subjektive Gottesbeziehung – ein Vorgang, der aufgrund seiner existentiellen Dimension nie halbherzig sein kann, wenn er denn überhaupt stattfindet.

Braucht der moderne Mensch die Kirche und das Christentum noch? Ich habe versucht, zu erklären, wieso diese Frage (und also auch jede klare Antwort darauf) eine Plattheit ist. Der Autor muß sich deshalb sagen lassen, daß er, wenigstens in meinen Augen, einem Heerführer ohne Heer gleicht, wenn er sich zum Sprecher einer so hohlen Abstraktion aufschwingt, wie „der moderne Mensch" eine ist.

Und die kommende Welt, so lese ich, bauen „wir" ohne Christus und ohne die Kirche. Etwas Neues zu bauen ist immer eine gute Sache, und unsere Welt hat dieses Neue bitter nötig. Wer aber ideologische Verengungen zur Geschäftsgrundlage macht – ganz gleichgültig, ob er nun sagt: „ohne Christus" oder „nur mit Christus" –, kann auf meine Mitarbeit (und die mancher anderer Menschen) nicht rechnen.

Es meldeten sich Jüngere und Ältere, um N. N. zu antworten, natürlich konnten nicht alle Zuschriften in der Zeitschrift veröffentlicht werden. Aber die Redaktion versuchte eine Zusammenfassung, die in der Rubrik „Zeitgänge“ am 16. November 1986 (CiG Nr. 46/86, S. 379–80) erschien. Die dortige Überschrift „Vom Unglauben, vom Glauben“ ist hier geändert.

Die Enkel von heute

Leserstimmen

Nun hat auch die evangelische Kirche den „austrocknenden“ Glauben zu einem ihrer Schwerpunktthemen gemacht. Bei einer Tagung der Synode der EKD in Bad Salzuflen erklärte Ratsvorsitzender Bischof *Kruse:* in den nächsten Jahren werde sich die Kirche ernsthafter als bisher mit dem Problem beschäftigen müssen, warum die persönliche Frömmigkeit, die innere Christlichkeit, warum der *christliche Glaube* in der westdeutschen Gesellschaft immer *schwächer* werde. Die elementare Frage laute: Wie wird einer Christ? Wie kann man heute Christ bleiben? Wie kann man den Glauben weitergeben? Wenn es so weitergehe, drohe der evangelischen Kirche, eine ganze Generation zu verlieren.

Auch bei den Katholiken ist es so. Vor sechs Wochen veröffentlichten wir einen Aufsatz eines aus der Kirche ausgetretenen jungen Katholiken, der seinen Schritt – allerdings anonym – in einer offenen Sprache begründete. Der Artikel wollte auf einen Beitrag antworten, der ebenfalls Aufsehen erregt hatte: *„Brief an meine ungläubigen Kinder“*.

Sagen wir es gleich: die überwiegende Zahl der Zuschriften begrüßte es, daß unsere Zeitschrift eine so kritische Darlegung veröffentlichte: „Es gehört viel Mut und große Weitsicht dazu, diesen Artikel aufzunehmen, meine herzliche Anerkennung!“ Oder: „Respekt!“ „Dankbar...“ „Ich habe mich sehr gefreut, daß in einer christlichen Zeitschrift endlich einmal frei ausgesprochen werden durfte, was so viele Menschen unseres Alters denken.“ „Ich halte den Brief für geeignet, diese selten so umfassend zur Sprache kommenden Probleme mit meinen Schülern aufzugreifen.“ „Ich unterstreiche jeden Satz, manche zweimal! Kleine Variante: Ich bin zwanzig Jahre älter...“ Ein bekannter Theologieprofessor: „Wenn man sich ständig mit solchen Problemen der jungen Generation herumschlägt, liest man so etwas mit besonderer Anteilnahme.“

Eine Minderheit reagierte anders: „Warum muß solch ein Artikel gerade in *Ihrem* Blatt stehen? Dieser junge Mann ist ja kein Christ, er ist ein Anti-Christ! Man kann auch sagen: ein Christ der Vergangenheit.“ „Was Sie mit diesem Artikel dem Leser auf breitem Raum anbieten und gar noch als Sonderdruck herausgeben, macht Lust, die Zeitschrift abzubestellen. Wozu das Ganze?“ „Wie können Sie Ihr Blatt solchen Elaboraten der Auflösung zur Verfügung stellen? Was heute nötig ist, ist Aufbau, Sicherung, Festigung des Gottesvolkes auf dem Felsen Petri!“

Viele Zuschriften versuchten natürlich auch eine inhaltliche Auseinandersetzung. Es ist unmöglich, alle diese Ausführungen hier zu veröffentlichen, aber eine gewisse Zusammenfassung ist wohl möglich.

Was die Generationen bewegt

Die erste Frage vieler Leser lautet: Denkt und handelt die jüngere Generation tatsächlich so? Das wird – teilweise mit Abstrichen – bestätigt. „Auch wenn die hier entwickelten Gedanken vielleicht nicht beispielhaft sind für die gesamte, nicht mehr christlich denkende junge Generation, so sind sie doch sehr aufschlußreich und eben doch – weit verbreitet." „Ähnliche Auffassungen sind heute bei vielen jungen Leuten zu finden. Es sei erinnert an die Briefe, die bei der Rottenburger Synode eingingen." „Ich kann den Verfasser in vielen Punkten gut verstehen, aus persönlicher Glaubenserfahrung." „Die Kirchentage mit ihrer regen Beteiligung der Jugend ergeben ein ziemlich irreführendes Bild, wenn es um die Gläubigkeit der dort versammelten Jugendlichen geht. Aber daß diese Jugend auf der Suche ist, das kann und darf man diesem Brief schon entnehmen, und das ist viel wert." „Es ist erschreckend, wie viele Betroffene es zumindest hier bei uns – zwischen Düsseldorf, Essen und Wuppertal – gibt. In einem Frauenkreis unseres Dekanates behandeln wir dieses Problem seit fast einem halben Jahr, weil wir entdeckt haben, wie viele Eltern unter diesen Verhältnissen leiden." „Solche Diskussionen darf man nicht in einer simplen, den Realitäten nicht entsprechenden Weise abbrechen: allzuviel, was tief unter der glatten Oberfläche die Menschen bewegt, wird wegen vermeintlich zersetzender Wirkung übertüncht – und leider mit der Farbe von vorgestern. Es ist klar, daß das Aussprechen der Probleme und der Versuch, sie im offenen Gespräch anzugehen, dem Glauben an Jesus nie geschadet hat. Schaden entsteht vielmehr durch geflissentliches Zudecken aus kurzsichtigen, pastoralen Strategien heraus."

Phantasie, Humor, Tapferkeit

Wenn auf der evangelischen Synode in Salzuflen erklärt wurde, „die Selbstverständlichkeit der Weitergabe des Glaubens von einer Generation zur nächsten ist geschwunden", so ist aber auch zu sagen: in fast allen Leserzuschriften ist eine *Gesprächsbereitschaft* erkennbar, die man nur als ein Zeichen der Hoffnung werten kann. Natürlich haben jene Jüngeren nicht geschrieben, die sich von Kirche und Glauben entfernt haben – sie lesen unser Blatt gewiß nicht. Eine ältere Dame: „Wir gläubigen Eltern und Großeltern werden trotzdem weiterhin auf unsere Jugend hoffen. Wir werden versuchen, zu rechter Zeit das rechte Wort zu finden und zu sprechen, wozu auch Phantasie, Humor und Tapferkeit gehören. Und wir werden nicht aufhören zu beten." Nicht immer ist ein Gespräch möglich: „Eine solche Argumentation zu beantworten oder gar zu widerlegen, scheint mir sehr problematisch. Die meisten der kirchen- und glaubensfernen Jungen sind sich ihrer Sache offenbar sehr sicher, so daß andere Meinungen auf taube Ohren stoßen." „Durch Gespräch kann man wenig überzeugen, wenn nicht ehrlicher Wille zum Hören und Annehmen dahintersteht." Eine Leserin erinnert an die

Mutter des heiligen Augustinus, die einen Bischof beschwor, ihrem abständigen Sohn ins Gewissen zu reden. Dieser habe geantwortet: das hätte jetzt keinen Sinn, Augustinus sei zur Zeit „unbelehrbar“, von der Neuheit der Häresie zu sehr gefesselt. Später kam die Stunde der Bekehrung...

Manche halten das Gespräch über Glauben und Unglauben an sich für Unsinn: „Er soll sich seinen Feuerbach an den Hut stecken oder ihn in die Mottenkiste tun!“ Ein anderer hat einen sehr „frommen“ Wunsch: dieser junge Mann möge doch bald einen schweren Schicksalsschlag erleiden, damit er endlich zur Besinnung und Einsicht komme!

Was den Ausführungen unseres jungen Ungläubigen inhaltlich am meisten tadelnd entgegengehalten wird, ist ihre religiöse Oberflächlichkeit: „Das Wort *Liebe* kommt in der ganzen Abhandlung nicht vor. Fehlt es ihm an Liebesfähigkeit, so wie er auch meint, nicht für ‚Religion‘ begabt zu sein? Bei der christlichen Religion handelt es sich vornehmlich um Liebe. Ohne diese persönlich erfahren zu haben, sind die moralischen Forderungen der Kirche unerträglich.“

„In der Tat kann zu solchen Auffassungen wohl nur der gelangen, der die Religion und die in ihrem Dienst stehende Kirche lediglich von außen kennt, sich nie in ihr verwurzelt und von ihr getragen erlebt hat. Das kann – aus welchen Gründen auch immer – auch bei einem Menschen zutreffen, der getauft wurde und in einer christlichen Familie aufgewachsen ist, Ministrant war und gefirmt wurde, aber offenbar nicht zu einer persönlichen, reifen

Glaubensentscheidung und zu echter Gotteserfahrung gekommen ist. Alles, was die Religion vorschreibt, muß als unsinnig, unfrei, ja sogar unmenschlich erscheinen, solange sie nur äußerlich betrachtet oder bewertet wird. Erst wenn man sie von innen her erfaßt und zu leben versucht, wenn sie beginnt, das eigene Verhalten mitzuprägen, und unser Leben – trotz aller uns anhaftenden Schwächen – durch Gottes Erbarmen immer wieder ‚stimmig‘ macht, erfährt man, wie der Glaube alles neu ordnet und unserem Leben eine bis dahin nie geahnte Weite schenkt.“

„Der Mensch, der so schreibt, war trotz der guten christlichen Erziehung in einem kindlichen Glauben stehengeblieben.“ Sogar das Wort „infantil“ wird gebraucht. „Das Gottesgeheimnis ist ihm im kirchlichen Dienstleistungsbetrieb der Wohlfahrtsgesellschaft nicht aufgegangen, nicht als persönlich tiefe Erschütterung bewußt geworden. Ist aber solches nicht wenigstens in der Begegnung mit Literatur, Kunst, Theater und Geschichte möglich?“

Wissen und Glauben

„Das scheint mir das Hauptproblem des Schreibers zu sein: daß er an Gott herangeht wie an eine Sache, ein Objekt, über das der Mensch als Subjekt und Herr verfügen kann.“ „In diesem Brief wird der altbekannte Fehler gemacht, rein rational an Glaubensfragen heranzugehen, ein Weg, der ins Leere führen muß.“ „Alles, was der Schreiber von Maria, der Menschwerdung Jesu, von der Erbsünde, dem

Teufel und der Unfehlbarkeit des Papstes zu bezweifeln hat, deutet darauf hin, daß er seinen katholischen Glauben noch nie richtig erkannt und erfahren hat. Der Schreiber verwechselt laufend ‚Wissen' und ‚Glauben'."

In dieser Sicht werden auch die Probleme, die jener Beitrag zu den Fragen jugendlicher Sexualität andeutet, gesehen: „Der Schreiber reduziert den christlichen Glauben auf das Beachten von Vorschriften, auf Moral und Ethik." „Dieser Widerspruch zwischen dem angeblichen Vorrang des Geschlechtlichen innerhalb des Glaubenslebens einerseits und der fast sympathisch anmutenden ‚Großzügigkeit' des Briefverfassers auf der anderen Seite entpuppt sich letztlich als eine gewisse Oberflächlichkeit. Bei jeder menschlichen Existenz, außer bei Christus, klaffen Leben und Lehre auseinander, wir alle sind schizophren. Aber es ist ein Vorrecht der Jugend, darauf hinzuweisen. Doch vor Schaden durch übergroße Skrupelhaftigkeit sollte uns die – wohlverstandene – paulinische Freiheit eines Christenmenschen bewahren."

„Da stößt man sich an Dingen, die gar nicht in der Mitte des Glaubens stehen... Sicher kann man moralisch leben ohne Glauben. Der Verfasser verbeißt sich in die Sexualmoral der Kirche, die er aber, wie mir scheint, indirekt bestätigt. Auch ich bin der Meinung, daß die Kirche nicht in erster Linie moralische Autorität ist. Ist Christus gekommen, um die Menschen moralisch zu machen? Nicht in erster Linie. Zuerst wollte Christus die Menschen mit Gott verbinden. Die Kirche will so die Menschen nicht moralisch beeinflussen, sondern sie ist zuerst Werkzeug für die Verbindung mit Gott. Die Verbindung der Seele mit Christus, das Hineinwachsen und Hineinwurzeln in Christus, das mit der Taufe anhebt und durch die anderen Sakramente ständig verstärkt wird, als das reale Einswerden des Menschen mit Gott durch Jesus Christus, die Vergöttlichung des Menschen als seine wahre Würde – hier hat die Kirche ihre erste und wahre Aufgabe."

Totgesagt – und doch von morgen

Beenden wir diesen kleinen Rundgang durch das Leser-Echo mit zwei persönlichen Zeugnissen:

„Unsere Flakhelfer-Generation war ja auch einmal der Kirche entfremdet durch den Ungeist der Zeit. Und alle diese Sätze habe ich schon einmal gehört, und zwar 1944, als wir, um zum Abitur zugelassen zu werden, auf ein Reichsausbildungslager der Hitler-Jugend geschickt wurden. Bei einem Frühappell auf der Schwäbischen Alb mit weitem Blick hinunter ins Neckartal, am Horizont die Rauchsäulen der zerbombten Stadt Stuttgart, wurden wir nicht nur zur Vaterlandsliebe aufgerufen. Es hieß auch: Ihr werdet die letzten sein, die sich zum alten Christengott bekennen und ihm anhangen – oder ihr werdet die ersten sein, die an diesen Boden, an unser gemeinsames Blut, an unsere germanische Sendung glauben... Als 18jährige hatte man ja noch das ganze Leben vor sich, und man wollte nicht einer Sache von gestern angehören. Ich brauchte Monate, um mit ehrlichem Herzen wieder in die Kirche gehen zu können. Doch dann sprach die Geschichte ihr Urteil. Und ausgerechnet dieser totgesagte Christusglaube zog mich jetzt so an, daß ich ihm von nun an mein ganzes Leben verschrieb."

Eine Großmutter spricht unmittelbar:

„Lieber Enkel! Durch ihre Probleme hat noch jede Generation hindurch gemußt. Uns ist nichts erspart geblieben: zwei Kriege, zwei Ausweisungen, Bombenhagel, Hunger, Not und Trümmer. Wir haben auch gesucht und debattiert – die Aufbruchsgeneration des Ersten Weltkrieges. Die eigentlichen Probleme bleiben immer dieselben, das Wort von der Selbstverwirklichung und Emanzipation ändert daran nichts. Es gilt nur das Wort: Ich glaube, Herr, hilf meinem Unglauben!"

Während die bisherigen Zuschriften aus praktischen Gründen ohne Namensnennung zusammengefaßt wurden, entschloß sich die Redaktion, drei Briefe, die ihr besonders wichtig erschienen, eigens (in Auszügen) zu veröffentlichen, in der Ausgabe vom 23. November 1986 (CiG Nr. 47/86, S. 390). Die Verfasser sind: Hans-Joachim Rennkamp, Helmut Anzeneder und Heinz-Jürgen Vogels. Die drei Artikel hatten ursprünglich die gemeinsame Überschrift „Kirche und Jugend", die Untertitel lauteten jeweils: „Die Wahrheit, die nicht enttäuscht", „Haben wir genug Jugendgruppen?", „Das Problem Sexualität".

Liebe, Sexualität, Kirche

Leserstimmen

„In diesem Brief meldet sich eine Stimme zu Wort, die Tag für Tag in der Begegnung mit jungen Menschen vor allem auch im Religionsunterricht zu hören ist, nur daß viele den letzten Schritt des Kirchenaustrittes (noch) nicht vollziehen. Eingeschnürt durch zahlreiche intellektuelle und moralische ‚Kirchenfesseln', glaubt der Autor den in seinen Augen notwendigen Schritt zur *Selbstbefreiung* tun zu müssen. Das ist ehrlich und zu respektieren. Er erlebt das real existierende Kirchenchristentum als eine ‚nicht menschliche Religiosität', unter der er leidet.

Vielleicht ist diese Distanzierung von der Kirche psychologisch zu seiner Selbstklärung und Selbstfindung nötig und ermöglicht ihm von außen eine ganz neue Sicht einer durch Christus bestimmten Existenz, falls er bereit ist, sich konsequent der Realität der „Tiefe" in seinem Leben zu stellen und ein aufrichtig nach der Wahrheit Suchender zu bleiben. Von der Oberfläche enttäuscht, wird er in einer Existenz der Aufmerksamkeit vielleicht zu der Wahrheit vordringen können, die uns nicht enttäuscht und die ‚unter den Außenschichten, ganz in der Tiefe wohnt' (Paul Tillich). Der Autor darf unter einer Voraussetzung darauf vertrauen, ‚keinen Schaden zu nehmen‘: wenn er treu und gewissenhaft zu seinem Ideal steht und anbetend auf der Spur dessen bleibt, der die Welt und unser Leben trägt. Die Kirche ist nur eine ‚armselige, staubige Pilgerin‘ (Hugo Rahner) auf einem irdischen Leidensweg, eine Gemeinschaft von auf Gnade hoffenden Sündern. Gott ist größer als die Kirche und das unendliche Erbarmen des Jesus von Nazareth der Maßstab, an dem die Kirche sich messen lassen muß."

Eine andere Zuschrift meint:

„Ich kann mir gut vorstellen, daß in sehr vielen Fällen die Entfremdung vom Glauben so oder so ähnlich vor sich geht. Der Einfluß der Gleichaltrigengruppe ist gerade im Jugendalter sehr stark. Von ihr geht ein ungeheurer Anpassungsdruck aus. Die vorangegangene religiöse Erziehung in der Familie und im Religionsunterricht erweist sich dann sehr häufig als zu schwach. Ein Gegengewicht kann da die Zugehörigkeit zu einer religiösen Jugendgruppe darstellen, sofern es einer guten Jugendseelsorge gelingt, den Glauben aus den Kinderschuhen herauswachsen zu lassen in die einem jungen Erwachsenen angemessene Gestalt und so lebendig zu erhalten.

Religiöse Erziehung in der frühen Kindheit und im Schulalter sind wichtig. Aber entscheidend notwendig ist gleichsam als Schlußstein des Bogens die Fähigkeit, als Erwachsener glauben zu können. Sie gewinnt man im Jugendalter. Gelingt dies nicht, ist die Gefahr groß, daß alles vorher Aufgebaute in den Stürmen der Jugendjahre zusammenstürzt.

Jugendseelsorge war und ist ein schwieriges Feld der Pastoral. Durch den katastrophalen Mangel an jungen Priestern blieb in den letzten Jahrzehnten dieses Feld weithin unbestellt. Der Rückgang bei den Mitgliederzahlen der katholischen Jugendverbände ist nur ein äußeres Zeichen dafür.

Einige Ordensgemeinschaften bieten ermutigende Ansätze einer Jugendseelsorge, die junge Menschen anzusprechen und zu einem tieferen Glaubensverständnis zu befähigen vermag. Ohne den Einsatz dafür ausgebildeter und dazu besonders geeigneter Personen geht es allerdings nicht."

Das Problem Sexualität greift ein Leserbrief mit einem besonderen Akzent auf:

„Der junge Mann, der seine Schwierigkeiten mit dem Glauben beim Namen genannt hat, trifft offenbar den *Kern* des *Ursachenbündels,* der bei vielen jungen Menschen für die Ablösung von der Kirche verantwortlich ist, wenn er bekennt, daß es ihm, wie fast allen Pubertierenden, unmöglich war, ihre *erwachende Geschlechtlichkeit* bruchlos mit ihrem bisherigen Wertesystem der kirchlichen Normen und dadurch mit ihrem Glauben in Einklang zu bringen.

Aus der modernen Psychologie kommt die Erkenntnis, daß nicht so sehr der einzelne als vielmehr das System der Gemeinschaften, in denen dieser lebt, für seine Schwierigkeiten mit dem System verantwortlich zu machen ist. Auffallend ist ja, daß die jungen Leute durchweg kein Schuldbewußtsein gegenüber der Art, wie sie mit der Sexualität umgehen, entwickeln. Und weil sie sich mit ihrem guten Gewissen, das sie haben, von der Kirche nicht angenommen finden, nehmen sie ihrerseits die Kirche nicht mehr an. So entsteht ein Bruch, der sich dann auch auf die Glaubensverkündigung der Kirche ausweitet.

Könnte es tatsächlich sein, daß die Kirche mitverantwortliche, wenn auch nicht schuldhafte Ursache für den Auszug so vieler Jugendlicher aus der Kirche ist? Durch die geschichtliche Entwicklung, die sie genommen hat, könnte das sein. In den Naturvölkern werden die Jugendlichen von erfahrenen und reifen Erwachsenen bei Beginn ihrer Pubertät in die Schönheiten, aber auch Gefahren und Verantwortlichkeiten des geschlechtlich reifen Lebens eingeführt. Das geschieht in der Gemeinschaft der Erwachsenen und zeigt so schon den Bezug des Geschlechtlichen zur Gemeinschaft.

Bei uns ist das seit langem in den privaten Bereich abgedrängt und seit den Zeiten der Prüderie auch dort völlig verkümmert: Die Jugendlichen werden im allgemeinen in der Pubertät allein gelassen. Wenn heute der Sexualkunde-Unterricht in den Schulen dem abzuhelfen sucht, bleiben die Familie als der eigentliche Raum, in dem Erziehung geschieht, und die Kirche, die dem ganzen Bereich Orientierung und Weihe geben sollte, meist ausgespart. Ganz entscheidend gehört zu den geschichtlichen Gründen, weshalb die Kirche ihre Orientierungskraft bei allem, was mit Geschlecht, Ehe und irdischer Liebe zu tun hat, verlieren mußte, die Tatsache, daß sie seit dem Mittelalter nur noch von zölibatären Männern geleitet wurde.

Wenn sich das ‚System Kirche' ändert, indem es nicht mehr nur das gewiß berechtigte und vorbildliche, aber nicht für alle gültige geistliche Leben der Mönche und Nonnen zum Maßstab macht, sondern Schöpfungsfrömmigkeit, Dankbarkeit für die Gaben Gottes in Ehe und Zärtlichkeit, Mut zur Hingabe und zum ‚Leben in Fülle', wie es Christus zu bringen gekommen ist (Joh 10,10), lehrt und vorlebt, dann werden sich auch die Jugendlichen wieder mehr in ihr zu Hause fühlen. Dann wird sie vermutlich auch mit den Jugendlichen wieder über Gott und seine Offenbarung diskutieren können. Gerade daß Gott selbst ‚Familie', Gemeinschaft von Vater, Sohn und Heiligem Geist ist, daß ‚Zeugung' in Gott geschieht und er nicht nur ein einsamer, in sich verschlossener Single ist, sondern glutvolles, sich hingebendes Leben, das Leben zeugt und in der Liebe des Geistes hin- und herströmt – gerade diese Offenbarung Gottes über sein innerstes Wesen, die Christus uns gebracht hat, kann den an Liebe und Leben interessierten Jugendlichen wieder einen Zugang zu ihm eröffnen. Und wenn ich weiß, daß Christus zunächst dieser von Gott in sich und aus sich gezeugte Sohn ist, dann verstehe ich auch, daß er, wenn er Mensch wird und einer von Gottes Geschöpfen, zugleich Gottes Sohn bleibt und darum mit seiner einen Person in den zwei Naturen des göttlichen und menschlichen Lebens der tiefste Erweis der Liebe Gottes zu uns Menschen ist: Er hat unter uns gewohnt, Gott kam zum Menschen, so ernst nimmt er uns."

Im ganzen haben sich wohl mehr Ältere als Jüngere an der Debatte beteiligt, wobei sogar eine 92jährige schrieb: sie habe schon viel kommen und gehen sehen in dieser Welt, die Jugend würde auch wieder einsehen, daß ein Leben mit Gott „sich lohnt". Der folgende Beitrag eines 76jährigen erfahrenen Seelsorgers versucht eine Antwort auf die verschiedenen Feststellungen und Erklärungen des „jungen Ungläubigen". Aus seiner Sicht Wahres und Falsches, Berechtigtes und Unberechtigtes werden getrennt. Der Artikel wurde in der Ausgabe vom 14. Dezember 1986 veröffentlicht (CiG Nr. 50/86, S. 413–14). Der Unter- und einige Zwischentitel wurden hier weggelassen, zwei kleine Abschnitte konnten gestrichen werden.

Man muß Gott ausreden lassen

Anton Kner

Die in dieser Zeitschrift bisher veröffentlichten Artikel über Glauben und Unglauben in der jüngeren und älteren Generation waren und sind auch für mich eine persönliche Herausforderung. Ich bin inzwischen über fünfundsiebzig, habe ein langes Seelsorgerleben hinter mir. Aus dieser Sicht möchte ich auf den Artikel „Wir werden keinen Schaden nehmen – Brief an gläubige Eltern“ antworten, wie jener Beitrag: „aus einer ganz persönlichen Sicht“.

Was uns Älteren an diesem Bericht gefällt, um den Autor unmittelbar anzusprechen: Sie sagen, was Sie denken, wollen niemand „verletzen“, keinem „Schuld“ anlasten, kennen „traurige Stunden“, würden „gern an einem Gottesdienst teilnehmen“, möchten sich „im Schutz eines höheren Wesens geborgen wissen“ und die „Gewißheit haben: mein Leben ist nicht umsonst, es gibt eine Bestimmung, die über uns hinausweist“. Sie sehen viel „Ungereimtes und Widersinniges“, was Sie hindert, die „religiösen Bedürfnisse innerhalb der Kirche zu leben“, sind deswegen einem Gespräch mit uns Älteren nicht grundsätzlich abgeneigt.

Sie sollen nicht den Eindruck gewinnen, daß wir „scharfe Ausdrücke“ übelnehmen oder daß wir –

ich spreche und schreibe im Namen der älteren Generation – die Jüngeren belehren, „bearbeiten möchten“. Eine junge Frau (28 wie Sie) meinte neulich: „Wer mich in Frage stellt, hilft mir weiter.“

„Vielleicht habe ich noch nie eine wirklich tiefgehende religiöse Erschütterung erlebt.“

Eine hoffnungsvolle Erkenntnis! Wer nie eine echte religiöse Erschütterung erlebt hat, nie be-geist-ert wurde von einer biblischen Gestalt, einem Wort oder Gleichnis Jesu, das Evangelium gehört, aber nie „gesehen“ hat, hat viel versäumt. In einer tiefgehenden religiösen Erschütterung geht einem ein Licht auf, man sieht schwierige Sachen mit „ganz anderen Augen“ an, Wichtiges wird nichtig. Man bekommt eine neue Wertordnung, ist „wie umgewandelt“, nimmt sich nicht mehr so wichtig, kann von sich weg- und auf andere zugehen, vielleicht mit Dag Hammarskjöld sagen: „Unerhört, in Gottes Hand zu sein.“ Ohne die von Ihnen ausdrücklich genannte „religiöse Erschütterung“ kommt der Mensch kaum zu sich, lebt nach draußen. Nach dem Religionsphilosophen Max Scheler ist Staunen der Anfang des religiösen Aktes. Die meisten Menschen kommen zu einer „wirklich tiefgehenden religiösen Erschütterung“ durch die Begegnung mit einem von Gott ergriffenen Menschen.

Ohne solche Erfahrung bleibt der auswendig gelernte Glaube ein Weilchen im Kopf, aber er sickert nicht ins Herz und wird vergessen, ist „weltfernes Zeug“, das mit dem Leben nichts mehr zu tun hat. Eine Menge Wissensstücke füllen den Kopf. Unmerklich wird man „verkopft", möchte alles erklären, verlernt das Fühlen, konsumiert eine Menge meist unverarbeiteter Eindrücke, ist immer auf Trab, kann sich und anderen nichts mehr bieten, kommt aus dem Lot, schafft nicht nur viel, sondern wird schaffig und übersieht das weise Wort des Bischofs Johann Michael Sailer: „Gebt dem Verstand, was des Verstandes ist, gebt dem Gefühl, was des Gefühles ist."

„Heute habe ich... eine wirkliche, auf einer – wie ich meine – rational und personal begründeten Ebene beruhende Entscheidung getroffen..."

Wir Älteren sagen ja zur persönlichen Entscheidung. Vielen wäre „vieles" erspart geblieben, wenn sie drei „Tugenden" zu entfalten versucht hätten: *Unterscheiden – entscheiden – mit Entschiedenheit festhalten.*

Aber wir sagen nein zu einer *nur* rationalen Entscheidung. Die Ratio, „der gesunde Menschenverstand", ist keineswegs so „gesund", wie viele meinen. Im Laufe des Studiums gewinnen wir Einblick in viele Wissensgebiete, bringen es bisweilen zu einem beachtlichen Ausblick und Weitblick. Was der Ratio jedoch seltener gelingt, ist der Überblick, noch seltener der Durchblick. Haben wir in unserer Industriegesellschaft nicht eine Menge Spezialisten? Wir brauchen sie, sollten aber nicht vergessen: Spezialisten sind Leute, die sehr viel über sehr wenig wissen...

Die Welt, in der wir leben, ist weder heil noch heilsleer. Kompliziert ist sie auf jeden Fall. Es gibt Lebens-, Ehe-, Vertrauens-, Berufskrisen, in denen man wie vor einer hohen Wand steht. „Es ist (scheinbar) nichts mehr zu machen.“ An diesem Punkt setzt das Glauben ein. Den Einstieg schenkt nicht die Ratio, sondern der Intellekt, richtig übersetzt: „Intus legere“ – lesen, was „innen“ ist. Dabei geht es um die Frage: „Was hat Gott mit mir vor?“ Sie können alle 360 Lebensmodelle (so viele hat einmal ein Wissenschaftler zusammengezählt) untersuchen, am Ende sind Sie so gescheit wie vorher.

Übrig bleibt das Evangelium, der Weg zu ihm ist allerdings oft schmerzhaft und weit. Gott setzt im Leeren an, in der Ohnmacht, nicht in der Macht. Dafür gibt es viele Weisen und Erfahrungen. Manche könnten sagen: „Ich glaube an den Sinn des Unsinns“ – im Anschluß an 1 Kor 1,26 ff. und Phil 2,5–8. Wir kennen zum Beispiel den Werdegang eines Johannes von Gott, einer Edith Stein, eines Maximilian Kolbe – und eines Karl Jaspers. Wer *nur* der Ratio folgt, gerät, ohne es zu merken, auf eine Schmalspur, verliert den Weitblick und kann in eine Sackgasse hineinschlittern, unfähig, zu „hoffen wider alle Hoffnung“. Das zu akzeptieren ist das Ergebnis eines langen Reifungsprozesses. Er beginnt mit dem „hörsamen Herzen“ (1 Kön 3,9).

„Der moderne Mensch braucht meiner Meinung nach den christlichen Glauben heute nicht mehr.“

Wer ist „modern“? Was heute „in“ ist, ist es morgen schon nicht mehr. Ist jemand modern, wenn er sich restlos für das Jetzt einsetzt? – Kaum! – Die Christen nehmen das „große Jetzt“ ernst. „Christlicher Glaube“ ist nicht eine Summe von Satzwahrheiten oder Anweisungen zu einem frommen Leben. Das Christentum ist eine Person: Christus. Ein Christusbild soll in uns wachsen. Was bedeuten uns Tod und Auferstehung des Herrn – das „Pascha-Mysterium“?

Der moderne Mensch braucht den christlichen Glauben „nicht mehr“. Dies soll wohl heißen: Früher, vor Jahrhunderten, als die Menschen noch nicht so kritisch eingestellt waren wie heute, als man fast alles vom Segen Gottes erwartete, war Religion wohl angebracht. Was aber heißt nun „nicht mehr“? Könnte hinter diesem „nicht mehr“ die Tatsache stecken, daß der kindliche Glaube von früher nicht weitergewachsen ist mit dem Allgemeinwissen, daß er kindisch wurde und – bildlich gesprochen – wie eine winzigkleine, halbgelähmte Hand an einem ausgewachsenen Mannes- oder Frauenleib herumbaumelt?

„Ich glaube, die meisten Jugendlichen entfernen sich von der Kirche in der Zeit der Pubertät aufgrund ihrer ersten sexuellen Erfahrungen.“

Das mag einer unter vielen Gründen sein. Sie mögen recht haben, wenn bei der „Behandlung“ (oft Mißhandlung!) des sechsten Gebotes nur die Rede war und ist von „Selbstbefriedigung“, „Geschlechtsverkehr vorher und nachher“, wenn die *Ist*-Aussagen ausfallen:

daß der Mensch nur in seiner Geschlechtlichkeit existiert;

daß die geschlechtliche Anlage (auch nach dem Lehrschreiben der deutschen Bischöfe) eine Anlage, ein Talent ist, die wir entfalten müssen wie jede andere Anlage;

daß Lust kein Luxus ist;

daß der Mensch seine Herkunft von Gott nicht leugnen kann, der nach Thomas von Aquin unendliche Ekstase ist;

daß Zärtlichkeit Zeichen menschlicher Reife ist.

Wer über das „sechste Gebot" spricht, muß einiges wissen über leib-seelische Zusammenhänge, über die „Balance der biogenen Amine", vor allem über das Wunder der geschlechtlichen Anlage von Mann und Frau. Leider haben nicht alle erfahren, daß die Kirche unterscheidet zwischen Sünden *der* Liebe (im geschlechtlichen Bereich) und Sünden *gegen* die Liebe (Bosheit). Sünden aus Schwachheit (Sünden der Liebe) können nicht „Tod-sünden" sein, weil sie nicht Ausdruck eines radikalen Bruchs mit Gott sind.

„Aus dem moralischen Zweifel entsteht die... intellektuelle Skepsis."

Dieser Übergang vom moralischen zum intellektuellen Zweifel ist seit Jahrhunderten nicht unbekannt. Die Skepsis entzündet sich hier am zentralen Geheimnis des christlichen Glaubens, an der heiligen Dreifaltigkeit („absurde Konstruktion eines kranken religiösen Geistes"). Sie wollen damit bestimmt nicht behaupten, daß die Glaubenden und Lehrenden Psychopathen, „religiös geistig krank", womöglich „geisteskrank" sind. Wer dies behauptete, müßte sich den Vorwurf gefallen lassen, daß er die kühnsten Denker der Geschichte (Augustinus, Bonaventura, Thomas von Aquin, um nur einige zu nennen) für geisteskrank hält. „Konstruktion"?

Vor mehr als fünfzig Jahren war es an der Universität üblich, daß die theologischen Lehrer versuchten, durch die geschliffenen Begriffe der aristotelisch-thomistischen Philosophie in die Nähe des Geheimnisses der Dreifaltigkeit zu gelangen. Aber sie wußten zugleich, daß der messerscharfe Verstand das Geheimnis Gottes niemals ergründen kann. Unsere Lehrer haben nichts konstruiert. Sie suchten – das war ihr gutes Recht – in die Nähe des „brennenden Dornbusches" zu gelangen und haben mit uns das Wort des Nikolaus von Cues begriffen: „Quia ignoro adoro" = „Weil ich es nicht verstehe, bete ich es an."

Ein Gott, der bis ins Allerletzte seines Wesens und in allerletzten Gründen seines Handelns verstehbar ist, hört auf, Gott zu sein. Gott ist nicht der „gute Kamerad", dem man auf die Schultern klopfen kann: „Du, hör mal, warum tust du das?" Wenn das Geheimnis Gottes zerredet wird, stirbt die Ehrfurcht. Wenn sie zum Fremdwort wird, dann – haben wir nichts zu lachen.

„Die Zeit der Kirche ist endgültig abgelaufen ...“

Das „endgültig“ in dieser Aussage macht eine ausführliche Stellungnahme unmöglich. Endgültig heißt ja soviel wie „ein für allemal“. Wer so redet und schreibt, bekundet – ohne es vielleicht zu wissen –, daß er nicht gewillt ist, mit sich reden zu lassen. Auch Gegenfragen prallen erfahrungsgemäß an der Wand dieses „Endgültig“ ab. Trotzdem habe ich die Überzeugung, daß Sie – jetzt 28 – diesen Satz nach Jahrzehnten nicht mehr schreiben werden. Lebens- und Leidenserfahrung, Hoffnungs- und Enthoffnungsgeschichte können nicht nur die Denkweise, sondern auch die Grundeinstellung zum Leben und zur Kirche ändern.

„... die kommende Welt bauen wir ohne Christus, ohne Kirche, und wir werden keinen Schaden nehmen ..., wenn wir so handeln.“

Dieser letzte, abschließende Satz Ihres Beitrags stimmt sehr nachdenklich. Kennen Sie die „kommende Welt“? Sind Sie überzeugt, daß alles ohne Christus und Kirche „machbar“ ist? Halten Sie sich für so stabil und unverwundbar, so kraftvoll, daß Sie immer drüber stehen und keinen Schaden nehmen, körperlich, seelisch, menschlich?

Nach amtlichen Angaben ist jeder zweite bis dritte Bundesbürger mindestens einmal im Leben psychisch „angeschlagen“ oder psychisch krank. Die Ursachen sind verschieden. Viele litten und leiden unter einer unterkühlten Atmosphäre, wurden nie angenommen und können sich selbst nicht annehmen. Wer für sie da ist, schenkt ihnen „die Perle der Ewigkeit in der irdischen Muschel der Zeit“ (Heinrich Spaemann). Auch harmlose Anlässe, nicht nur sogenannte „Schicksalsschläge“, können die Betroffenen bewegen, über ernste Lebensfragen zu sprechen.

Was das Glaubensgespräch erschwert, sind einerseits unerträgliche „Oberlehrermanieren“, um den anderen zu belehren; andererseits ist es eine katastrophale Unwissenheit in Glaubensfragen. Oft muß man bei Null anfangen. Viele haben nach einem rund tausendstündigen Religionsunterricht nicht einmal das Grundwissen über das Christentum mitbekommen, von einem Gottesbild keine Rede. Wir Älteren wünschen nicht nur, sondern suchen den Dialog mit der jüngeren Generation. Nicht als deren „Oberlehrer“, sondern als Mitsuchende und Mitfragende, als solche, die ihr Leben lang etwas dazuzulernen haben (Hebr 5,8).

Wir wissen, daß der jüngere Mensch, der seiner Kirche den Rücken gekehrt hat, ein anderes „Lebensgefühl“ hat als die Älteren. Das ist selbstverständlich. Aber der Begriff „Lebensgefühl“ ist reichlich verschwommen und müßte gedeutet werden. Viele leben ein ausgefülltes, aber kein erfülltes Leben.

Niemals können wir den Satz unterschreiben, das Christentum sei „überholt“ und habe nichts mehr zu bedeuten. Wer glaubt, der Glaube sei bei ihm „eingetrocknet“, muß sich fragen lassen, ob und inwieweit er noch entzündbar ist und die menschlichen Grundakte noch praktiziert werden: Der

Übergang vom Sehen zum Schauen, vom Schauen zum Staunen, vom Staunen zum Hoffen, vom Hoffen zum Lieben, von Freud*en* zur Freude, offenbart sich im inneren Gleichgewicht, in der Gelassenheit und in der Fähigkeit, die Freiheit zu verwalten, Einsamkeit ohne dauernde Fluchtversuche zu meistern.

Wir Älteren, die wir noch „zur Kirche gehen", möchten nicht als dumm oder „dümmlich" verkauft werden, genausowenig wie man die Nichtkirchengänger einfach als Gottlose einstufen kann. Die Kirche ist kein geistliches „Sozialamt" für Gescheiterte und Unterentwickelte, die gläubigen Kirchgänger sind keine geistigen „Almosenempfänger".

Wer zur Wahrheit, zur Kirche zurückfinden will, darf Jesu Wort nicht überhören: „Wer die Wahrheit tut, kommt ans Licht" (Joh 3,21). Wie das „Tun der Wahrheit" aussieht, muß jeder selber herausfinden. Auf jeden Fall muß er im Sinne Jesu die „Zeichen der Zeit" deuten lernen (Mt 16,4). Und schließlich gilt auch hier das Wort Jesu aus den Abschiedsreden: „Getrennt von mir könnt ihr nichts tun" (Joh 15,5). Wir Älteren rechnen nicht mit Erfolgen. Zu etwas anderem sind wir erwählt: „Daß ihr hingeht und Frucht bringt und euere Frucht bleibt" (Joh 15,16). Zu Erfolgen kann man rasch kommen, rascher als zur Frucht, die ihre eigenen Wachstumsgesetze hat.

Wir sind angetreten nach dem „Gesetz des Weizenkorns" (Joh 12,24) und dem Gleichnis vom Senfkorn (Mt 13,31). Unser Herr ist kein Leuteschinder und verlangt nichts Unmögliches von uns. Wir tun, was wir können, und sind zufrieden, wenn wir immer wieder einen Tropfen auf den heißen Stein des Elends fallen lassen können (Mk 1,34). Was die „kommende Welt“ bringt, wissen wir nicht. Eines aber wissen wir sicher: Unser ist die Aussaat, die Ernte ist des Herrn. Und die Ernte kommt – man muß Gott nur ausreden lassen.

Selbstverständlich geht die Problematik der Kirchen-Entfremdung der jüngeren Generation in unserer Zeit nicht nur die Katholiken an, an die sich die Zeitschrift vornehmlich wendet, sondern auch die Gläubigen anderer Kirchen, die vor ähnlichen Problemen stehen. So wurde die folgende Predigt (im Anschluß an einen Text des Römerbriefes) eines evangelischen Seelsorgers eingesandt. Die erste Veröffentlichung fand in der Ausgabe vom 1. Februar 1987 (CiG Nr. 5/87, S. 37–38) unter dem Titel „Wenn sie nicht mehr zur Kirche gehen" statt.

Die Freiheit und der Glaube: Eine evangelische Predigt

Hansjörg Sick

„Es war schön, Euch ein paar Tage wieder bei uns zu sehen. Trotzdem, Ihr wißt es alle: Selten wurde uns so bewußt, wie tief allmählich ein gewisser Graben zwischen uns geworden ist, vor allem in religiösen Fragen. Ist ein solcher Bruch zwischen den Generationen unausweichlich? Welche schönen Osternachtfeiern haben wir früher alle gemeinsam erlebt. Aber diesmal wolltet Ihr ehrlich sein. Niemand begleitete uns am Abend des Karsamstags in die Auferstehungsfeier. Keiner von Euch wollte am Sonntag beim festlichen Gottesdienst dabeisein. Ihr habt fast die ganze Nacht hindurch für Euch gefeiert und am Sonntag bis zum Mittag hinein geschlafen. Vater und ich fragen uns: Was habt Ihr denn da gefeiert? Doch nicht das Osterfest? Vielleicht nur das fröhliche Wiedersehen? Immerhin, es ist ein Wert, wenn Geschwister so wie Ihr zusammenhalten und sich einander helfen; wenn sie sich auf anständige Weise durch das Leben schlagen und gute Menschen zu sein versuchen. Aber von einem christlichen Glauben kann man wohl bei keinem von Euch mehr sprechen. Ihr habt das ja, wenn auch nur kurz, deutlich erklärt…“

Dieser Brief einer Mutter an ihre „ungläubigen Kinder“ wurde im letzten Jahr veröffentlicht. Er hat eine Flut von Zuschriften ausgelöst: viele Mütter und Väter, die das genauso in ihrer Familie erleben, meldeten sich. Auch wir als evangelische Christen kennen dieses Problem.

Was diese Mutter bewegt, ist nicht die Tatsache, daß ihre Kinder ihre eigenen Wege gehen, also der Abschied vom Elternhaus, es ist vielmehr der Abschied von der Kirche und vom christlichen Glauben. Der Brief signalisiert einen Bruch, der heute durch viele Familien hindurchgeht und wie eine Last auf Eltern und Pfarrern liegt: Was wird mit der nächsten Generation? Was haben wir selbst denn falsch gemacht?

Unter dieser Frage möchte ich die Worte des heutigen Predigttextes abhören:

Denn welche der Geist Gottes treibt, die sind Gottes Kinder. Denn ihr habt nicht einen knechtischen Geist empfangen, daß ihr euch abermals fürchten müßtet; sondern ihr habt einen kindlichen Geist empfangen, durch den wir rufen: Abba, lieber Vater! Der Geist selbst gibt Zeugnis unserm Geist, daß wir Gottes Kinder sind. Sind wir aber Kinder, so sind wir auch Erben, nämlich Gottes Erben und Miterben Christi, wenn wir denn mit ihm leiden, damit wir auch mit zur Herrlichkeit erhoben werden (Röm 8,14–17).

Es steht nicht einfach in unserer Macht und Möglichkeit, daß Menschen zum Glauben kommen. Auch Eltern verfügen nicht darüber, ob ihre Kinder später einmal bewußte und gläubige Christen werden. Im Gegenteil, wenn sie dies mit Druck und

Gewalt versuchen, erreichen sie eher das Gegenteil. Es ist der Geist Gottes, der Glauben weckt und Gemeinde Jesu Christi immer wieder neu schafft. Wir Menschen sind allenfalls Werkzeuge des Geistes, durch die er wirkt auf andere. Diese Sätze entsprechen meiner tiefsten Überzeugung. So habe ich es immer wieder gepredigt und auch immer wieder erlebt.

Aber eben das scheint heute nicht mehr zu funktionieren. „Etwas hilflos frage ich, welcher Geist ist in Euch gefahren?" schreibt jene Mutter. Kann denn der Geist der Zeit, sozusagen ein fremder Geist, stärker werden als der Geist Gottes? Oder kann der Geist Gottes gar wegbleiben wie der Regen im Sommer? Oder wie der Wind? Im Johannesevangelium heißt es: Der Geist weht, wo er will. Muß man gar fragen, ob Gott uns seinen Geist vorenthält, und, wenn ja, was will er uns damit sagen?

Oder liegt es daran, daß wir dem Geist Gottes selbst im Wege stehen? Es gibt in der Tat aufgrund der Aussagen der Schrift so etwas wie Hindernisse für das Wirken des Geistes Gottes, Blockierungen durch Menschen, die ihn nicht zum Zuge kommen lassen.

Jene Mutter fragt, ob sie und ihr Mann vielleicht kein überzeugendes Vorbild für ihre Kinder waren. Sie erzählt offen, daß es in ihrer Ehe zeitweise zu erheblichen Schwierigkeiten kam, so daß manchmal sogar das gemeinsame Fundament wackelte. Sie setzt freilich hinzu: „Auch in den Zeiten schwerster Probleme haben wir nie den Gottesdienstbesuch aufgegeben. Und heute können wir sagen: gerade dies hat uns in all den schweren Stunden entscheidend geholfen. Es hat uns immer wieder miteinander versöhnt und zueinander auf den Weg gebracht, auch wenn Worte nicht mehr viel bewirken konnten. Wir sind keine besseren Menschen als andere. Aber geht es im christlichen Glauben letztlich darum, ein besserer Mensch zu sein? Geht es in Wirklichkeit nicht vielmehr darum, in allen Lebenslagen auf Gott zu vertrauen und sich ihm anheimzustellen?"

Ich meine, die Mutter hat auch darin recht, und gerade diese Ehrlichkeit, mit der sie ihre Schwierigkeiten und möglicherweise ihr Versagen eingesteht, imponiert mir. Es ist ja nicht von ungefähr, daß wir jeden Gottesdienst als Christen beginnen mit einem Schuldbekenntnis.

Oder ist vielleicht die Kirche selbst daran schuld, wenn junge Menschen heute den Glauben ablegen wie alte Kleider? Durch die Verkündigung der Kirche, durch ihre Gottesdienste und durch die Seelsorge will ja der Geist Gottes etwas bewirken. Dieser kommt nicht einfach direkt vom Himmel herab, sondern hat sozusagen seine Leiter. Er will durch Menschen auf andere Menschen überspringen.

Zugegeben, diese Kirche ist oft nicht so, wie wir sie uns wünschen. Da sitzt man etwa als Vater mit seinen Kindern in einem Gottesdienst, und die Predigt ist schlichtweg langweilig. Der Sohn rutscht auf der Bank herum, und auf dem Heimweg geht's erst richtig los, wenn einem der Sohn erklärt: „Das bringt's nicht." Wer von uns Eltern kennt nicht die aufmüpfigen Bemerkungen am Mittagstisch, wenn sich die Kinder über den Religionsunterricht oder über die verkrustete Institution Kirche äußern.

Auch das kennt jene Mutter. Aber sie fragt: „Ist denn Langeweile ein Grund, sich von der wöchentlichen Sonntagsfeier so zu trennen wie Ihr es tut? Kann denn die Unvollkommenheit der Gemeinde Anlaß sein, sich ganz von der kirchlichen Gemeinschaft zu trennen?"

Und ich meine, auch da hat sie recht. Wir haben den Schatz des Evangeliums immer nur in irdenen Gefäßen. So sieht es bereits der Apostel, und ich möchte hinzufügen: Die Kirche, wie wir sie heute erleben, ist sicher nicht besser, aber auch nicht schlechter als vor fünfzig oder hundert Jahren.

Vielleicht aber ist es so: daß wir heute in der Kirche Probleme, Fragen und Dinge verhandeln, die junge Menschen überhaupt nichts mehr angehen und ihnen nicht helfen in ihrem Leben und in den Fragen, die sie selbst beschäftigen.

Ich erinnere mich noch genau, wie ich 1945 als Kriegsgefangener zum ersten Mal wieder an einem Gottesdienst teilnahm. Was uns der Pfarrer damals predigte, war sicher alles richtig. Aber es hatte keinerlei Bezug zu unseren Fragen, die uns damals umtrieben. Er hätte seine Predigt genausogut im Jahre 1920 oder 1860 halten können: alles richtig. Damals verließ ich den Gottesdienst mit dem festen Vorsatz: Mit der Kirche will ich nichts mehr zu tun haben. Es gibt in der Tat ein Vorbeireden der Kirche an dem, was Menschen bewegt. Und das ist ein Versagen, denn das Evangelium zielt immer mitten hinein ins Leben, in die Fragen, die uns bewegen.

Und wenn das Evangelium nicht mehr greift, wenn die Predigt beim Menschen allenfalls das Gefühl hinterläßt: alles recht, aber für mich ohne Bedeutung, dann ist etwas Entscheidendes versäumt worden.

Aber nun muß man doch auch sagen, daß die Kirche und ihre Pfarrer heute mehr als je bemüht sind, die Botschaft der Kirche hineinzusagen in die besondere Situation der Gegenwart. Es gibt kein Problem in der Öffentlichkeit, das nicht auch in der Verkündigung der Kirche auftaucht, gleich, ob es um die Friedensaufgabe, um die Asylanten oder um die Bewahrung der Schöpfung geht. Gerade dieses Eingehen auf die heutige Situation wiederum ist es, das bei vielen Widerspruch und Abneigung erregt: die Kirche soll sich nicht in alles einmischen, insbesondere nicht in politische Fragen. Die Kirche soll sich endlich wieder einmal auf das besinnen, was ihr eigentlicher Auftrag ist...

Offenbar bestehen Spannungen zwischen dem, was die Kirche als Botschaft und Erwartung in unserer Zeit äußert, und dem, was Menschen für richtig halten. Die Botschaft des Evangeliums ist ja nicht einfach Bestätigung für das, was in der Öffentlichkeit gilt und ohnehin für richtig gehalten wird. Insbesondere kann es zu Spannungen kommen zwischen dem, was die Kirche im Blick auf die Lebensführung erwartet, und dem, was junge Menschen für richtig halten. Die Frage etwa, ob ein Mädchen mit ihrem Freund schlafen gehen kann oder ob man überhaupt noch heiraten soll, oder die Frage, ob man ein Kind abtreiben kann – das alles kann zu einem Konflikt mit der Kirche und auch mit dem Elternhaus führen.

Dahinter steht letztlich die Grundfrage: Gibt es Normen und Gebote, die sowohl für das Leben des einzelnen wie auch für die ganze Gesellschaft gültig und bestimmend sind? Zwar will jede Generation, ja jeder einzelne selbst herausfinden, was gut ist und wonach er sich zu richten hat. Das ist nicht so neu. Auch ich wollte mir als junger Mensch nicht einfach von anderen vorschreiben lassen, was ich für gut finde und wonach ich mich zu richten habe. Auch ich wollte das irgendwie selbst herausfinden.

Aber heute hat sich die Sache zugespitzt. Selbstbestimmung, Freiheit und Emanzipation – das sind die Fanfarenstöße unserer Zeit. Und es scheint sich eine Bewegung zu formieren, die im Gegensatz zu dem steht, was in der Kirche verkündigt wird.

Die Freiheit der Moderne und die Freiheit der Kinder Gottes

Hier scheint es also zum entscheidenden Gegensatz zu kommen. Auf der einen Seite steht der freie Mensch der Moderne – dort die Kirche mit ihren Geboten, die den Menschen gängeln. Ist das wirklich die Alternative?

Vermutlich sehen dies viele so! Im Grunde aber ist das kein wirklicher Gegensatz. Denn es geht auch im christlichen Glauben nicht darum, daß sich Menschen für ein Leben in Unfreiheit und in Fremdbestimmung entscheiden. Das stellt der Apostel betont heraus, wenn er sagt:

„Ihr habt nicht einen Knechtsgeist empfangen, daß ihr euch abermals fürchten müßtet, sondern einen Kindesgeist, durch den wir rufen: Abba, lieber Vater.“

Der christliche Glaube ist kein Untertanenglaube, in dem man immer wieder hört: dieses darfst du nicht, jenes mußt du tun. Im Gegenteil: der Geist Gottes treibt uns den Knechtsgeist aus. Er nimmt uns hinein in ein neues Verhältnis zu Gott, daß wir nicht wie Knechte den Buckel krümmen, sondern wie Kinder mit Gott umgehen und ihn anrufen: Abba, lieber Vater. Das ist eine liebevolle, geradezu zärtliche Anrede, wie sie in der Geschichte der Weltreligionen einmalig ist. Und schon in dieser Anrede bekundet sich die total neue Situation, in die Christen durch Gottes Geist hineingenommen werden.

An dieser Stelle wird man sich jedoch offen zugestehen müssen, daß die Kirche in dieser Hinsicht häufig versagt und nicht einen Kindesgeist, sondern einen Knechtsgeist vermittelt hat. Was da alles im Laufe der Kirchengeschichte passiert ist an Unterdrückung, Bevormundung, wie christliche Männer ihre Frauen, wie christliche Eltern ihre Kinder und christliche Europäer ihre schwarzen und farbigen Brüder unterdrückten – das ist ein Trauerspiel schlechthin, und das alles steht im tiefen Gegensatz zum Wort der Schrift und zu dem Geist Jesu Christi, den uns der Apostel Paulus bezeugt.

Vielleicht ist es dieser Mißbrauch in der Vergangenheit, der viele auch heute noch so mißtrauisch macht und bei der Kirche nur Unfreiheit vermuten läßt.

Freilich gibt es noch eine andere Möglichkeit, und auch diese muß deutlich benannt werden. Möglicherweise sind viele von einem Freiheitsbegriff geblendet, mit dem sich der Mensch selbst seine Ziele und Normen setzt, sich selbst gestattet, was er für richtig findet, selbst die Grenzen festlegt bzw. öffnet; sich selbst verpflichtet bzw. zu nichts mehr sich verpflichtet weiß.

Dieser Freiheitsbegriff, dem viele huldigen, ist eine kraftlose und verächtliche Freiheit, die nichts taugt. Sie wird sehr schnell entlarvt, wenn sich Schwierigkeiten und Konflikte einstellen. Freiheit besteht dann darin, daß man Konflikten möglichst ausweicht und vor Schwierigkeiten davonläuft. Wenn es schwierig wird in der Ehe, dann läßt man sich wieder scheiden. Und wenn einen die heranwachsenden Kinder nerven, dann wird ihnen der Laufpaß erteilt. Diese billige Freiheit, die sich an nichts bindet und die unfähig ist zur Liebe, zur Treue und zur Geduld, wird meist erst dann durchschaut, wenn man selbst darunter leiden muß.

Gegen diese Freiheit verkündigen wir mit dem Apostel eine andere Freiheit: nicht die Freiheit von Knechten, die den Aufstand proben, sondern die Freiheit von Kindern, die wissen, daß es der Vater gut meint, die auf ihn vertrauen und von ihm geliebt sind; nicht die Freiheit, die wir schon haben oder uns selbst nehmen, sondern eine geschenkte Freiheit, die uns zuteil wird, wenn der Geist Gottes von uns Besitz ergreift; nicht die Freiheit der Willkür – ich kann bestimmen, was ich will –, sondern die Freiheit zum Lieben und zur Achtung vor anderen.

An dieser Stelle muß die Kirche klar und deutlich reden. Hier ist jeder in die Entscheidung gefordert.

Damit sind nicht alle Fragen gelöst. Wir wissen, daß man jedem Menschen und eben auch seinen Kindern in Glaubensdingen gewisse Umwege zugestehen muß. In dem erwähnten Brief äußert sich vielleicht Ungeduld, die wir besser bei uns selbst verarbeiten sollten. Und schließlich kann man fragen, ob die Kinder wirklich ungläubig sind oder ob sie am Ende nicht einfach andersgläubig sind, das heißt, in einer anderen Weise ihren Zugang zu Gott suchen und vielleicht sogar schon gefunden haben. Es gibt in dieser Hinsicht immerhin erstaunliche Dinge, und manchmal müssen Eltern auch von den Kindern lernen.

Eine Sache liegt mir noch am Herzen, die jene Mutter am Ende ihres Briefes schreibt: „Offenbar könnt Ihr nicht sehen, wie schön doch eigentlich der Christenglaube ist.“ Ich finde es gut, daß sie auch dies noch sagt. Ich finde, das ist sogar etwas vom Wichtigsten. Weil sie darin doch bekundet: Ich, eure Mutter, bin trotz allem glücklich und erfüllt von dem, was ich im Christenglauben entdeckt und erfahren habe. Und darum geht es doch letztlich, daß wir selbst von dem erfüllt und zutiefst überzeugt sind, was wir auch unseren Kindern weitervermitteln möchten. Und davon sollten wir uns auch nicht abhalten oder abhalten lassen: Das Christsein ist in der Tat eine schöne Sache. Es ermutigt zu einem Leben in einer neuen Freiheit und eröffnet Wege gerade dort, wo wir manchmal völlig in Sackgassen festgefahren sind. Mögen wir also alle daran festhalten und dies immer auch neu erfahren, wie schön doch eigentlich der Christenglaube ist.

Viele Eltern stehen heute vor der Frage, daß ihre Kinder nicht mehr zur Kirche halten und ihre Lebensführung auch grundsätzlich nicht mehr die christliche Ethik anerkennt. Im folgenden Leserbrief meldet sich aber nun eine Mutter, die vom Gegenteil erzählt: ihr Sohn ist der Kirche treu geblieben. Sie führt dies darauf zurück, daß bei ihnen über die Kirche immer zugleich kritisch und liebevoll gesprochen wurde. Der Artikel wurde in der Ausgabe vom 22. Februar 1987 (CiG Nr. 8/87, S. 62) gedruckt.

Lieber ungläubiger junger Mann!

Eine Mutter

Da ich als junger Mensch auch einmal vor dem Absprung von der Kirche stand und durch ein besonderes Erlebnis davon abgehalten wurde, blieb meine Haltung immer kritisch. Diese Einstellung hat auch mein Mann, hat auch mein Sohn übernommen, da er unsere Diskussionen über Gott und die Welt von jung auf miterlebte. Er ist heute mit seinen 25 Jahren bei der Kirche, während manche Nichten und Neffen, die aus kirchlich „linientreuen" Elternhäusern stammen, nichts mehr von der Kirche wissen wollen, einige von ihnen sogar ausgetreten sind. Wir sind nicht vermessen in unserer Kritik, dafür ist die Sache zu vielschichtig. Und wir sind uns wohl bewußt, daß auch wir selbst im Alltag oft zur Unglaubwürdigkeit der Botschaft Jesu beitragen, wir immer und ständig zu neuen Ufern aufbrechen müssen.

Lieber ungläubiger junger Mann! Ich kann hier nicht alle Punkte aufgreifen, die Ihren Auszug aus der Kirche bewirkt haben. Bei einigen will ich es versuchen.

Sie sagen zum Beispiel: Die Kirche ist überholt.

Ich sage: Das Wunder ist, daß sie noch nach 2000 Jahren besteht trotz all der Menschlichkeiten und

Ärgernisse mit der Institution und den Christen im Alltag. Es ist alles eine Frage der Sicht: Ein halb volles Glas Wasser kann man interpretieren als halb voll, was Optimismus bedeutet, und halb leer, was in Richtung Resignation weist. Die Botschaft Jesu ist gestern wie heute revolutionär und froh machend. Daß die Institution Kirche da oft eine Drohbotschaft daraus macht, spricht nicht gegen die Botschaft...

Sie sagen: Die Lehre von der *Dreifaltigkeit* ist eine absurde Konstruktion eines kranken religiösen Geistes. *Ich sage:* Wenn wir Gott voll erkennen könnten, wäre er nicht Gott. Im Neuen Testament steht schon, daß unsere Glaubenserkenntnisse Bruchstückcharakter haben und unsere Formulierungen unvollkommen bleiben. Aus den Aussagen der Heiligen Schrift hat die Kirche Gott als Dreifaltigkeit „formuliert“. Ein Professor für Mathematik der Mainzer Universität, der Protestant ist, Hans *Rohrbach,* hat ein Büchlein über den Glauben an den dreieinigen Gott geschrieben. Seine Gedanken: Man erkennt den Schöpfer an seiner Schöpfung. Als Naturwissenschaftler geht er von Raum, Zeit, Materie und dem Menschen aus. Der Raum hat drei Dimensionen: Länge, Breite und Höhe. Die Zeit ebenso: Vergangenheit, Gegenwart und Zukunft. Die Dreiheit der Materie manifestiert sich als die Kraft (Energie), die Bewegung und die Erscheinung, das Phänomen. Und beim Menschen? Wir können sagen: der Leib für die äußere Erscheinung, die Seele für die innere Veranlagung, der Geist für die Ausstrahlung auf andere. Oder man kann es formulieren als Person, Wesen und Persönlichkeit. Wenn die Schöpfung dreidimensional ist, warum dann nicht auch der Schöpfer? Mit dieser Überlegung kann ich gut leben...

Sie sagen: Unfehlbarkeit des Papstes, nein.

Ich sage: Auch ich habe damit meine Probleme. Ich finde es höchst überflüssig, daß die Formulierung 1870 erfolgte. Schwierig wird die Sache, wenn man sich einmal für die historischen Hintergründe interessiert und unter welch fragwürdigen Umständen das Dogma entstand. Das alles sehe ich, aber ich bin auch fest davon überzeugt, daß die Kirche durch den Heiligen Geist in der Wahrheit gehalten ist, sonst würde sie nicht mehr existieren. Die Kirche ist „ständig zu erneuern" („semper reformanda"), hat das Zweite Vatikanische Konzil erklärt. Das heißt mich hoffen! Es sind zwar heute wieder restaurative Kräfte am Werk, die auf strenges Reglement und Autorität von Rom aus pochen, aber ich denke doch, daß der Aufbruch durch das Konzil vielleicht verzögert, aber nicht mehr rückgängig gemacht werden kann.

Sie haben recht: die Kirche hat oft ein gestörtes Verhältnis zur Sexualität.

Inzwischen sind aber Begriffe wie Zärtlichkeit, bewußte Hingabe aus Liebe, Bereicherung und Vervollkommnung der Persönlichkeit durch die sexuelle Hingabe als Werte auch theologisch-kirchlich anerkannt. Allerdings bin ich nach wie vor der Meinung, daß Fünfzehn-, Sechzehnjährige zu einer wirklichen Liebe noch nicht fähig sind. Der Naturtrieb ist da, aber er kann und soll in dieser Zeit sich nicht ausleben, das ist schädlich. Dabei darf auch ruhig von Beherrschung und Bewahrung für den echten Partner die Rede sein. Wenn nun zwei Menschen, die reif dazu sind, sich wirklich lieben und zusammenbleiben wollen, halte ich es für legitim, auch auf diesem Gebiet ihr Zusammenpassen zu erproben.

Über Recht oder Unrecht in diesen Dingen entscheiden zur Zeit in der Kirche zölibatäre Männer. Aber die Institution ist nur ein Teil der Kirche, auch wenn sie sich noch so mächtig gebärdet. Nach dem Konzil ist die Kirche „als wandelndes Volk Gottes durch die Zeit" definiert worden. Jeder einzelne ist gefragt!

Denn schließlich standen immer wieder Menschen in der Kirche auf, die, von Jesu Geist inspiriert, mit seiner Botschaft Ernst machten, ja, die sich auch gegen den Willen der Amtskirche durchsetzten. Als Beispiel sei die heilige Hildegard von Bingen genannt, die um der Menschlichkeit willen sich dem Erzbischof von Mainz widersetzte und zur Strafe in ihrem Kloster ein ganzes Jahr lang keinen Gottesdienst gehalten bekam. Was das damals für Nonnen bedeutete, kann man heute nur ahnen. Der Erzbischof gab nach einem Jahr klein bei. Zivilcourage in der Kirche des Mittelalters, eine unerhörte Sache, die mir das Bleiben in der Kirche erleichtert hat...

Ich denke auch an Mary Ward, die Gründerin der Englischen Fräulein. Sie wurde acht Monate in einem Kloster in München als „Ketzerin" gefangengehalten, weil sie mit ihren Mitschwestern Mädchen außerhalb der Klausur unterrichten wollte. 200 Jahre später wurde sie rehabilitiert, während sich in der Zwischenzeit ihre Schulen in der ganzen Welt entwickelt hatten.

Glaubwürdigkeit hängt mit Wahrhaftigkeit zusammen. Als selbständig denkende und handelnde Christen sollten wir nicht in falscher Solidarität Fehler der Institution vertuschen, sondern sie kritisch beobachten und – in Liebe – anmahnen, was ja auch von vielen theologisch kompetenten Zeitgenossen geschieht, zum Beispiel durch Hans Küng, der trotz Kritik und Strafe doch in der Kirche bleibt. Einen Rückzug in die Resignation oder einen Auszug aus der Kirche wegen der Institution halte ich nicht für richtig.

Am Schluß noch ein persönliches Wort: Ich sage mir, ich kann mit meinen schwachen Kräften die absolute Wahrheit nicht erkennen. Ich versuche in der katholischen Kirche meinen Gottesdienst zu leisten, wohl wissend, daß es auch noch andere Wege und Möglichkeiten gibt. Sie sagen in Ihrem Brief, daß viele nur selektiv glauben und sich ihren eigenen Glauben zurechtmachen. Ich halte es aufgrund meines Gewissens, das ja die oberste Instanz für mich ist, für legitim, persönliche Schwerpunkte im Glauben zu setzen.

Sie sagen: daß Sie nie bewußt religiös innerlich angerührt wurden. Vielleicht ist aber dieser Briefwechsel ein Anlaß, sich nochmals auf Gott und die Kirche einzulassen. Sie sprechen selbst von einer gewissen Sehnsucht nach einem höheren Wesen und nach einem Leben nach dem Tode. In meinen Augen gehören Sie zu den „anonymen Christen“, wie Karl Rahner es formuliert hat. Zum Glauben gehört auch eine gewisse Bereitschaft, ein Sich-Öffnen. Wenn man sich nicht fallen läßt, kann man nicht erfahren, daß es ein Netz gibt, von dem man gehalten wird.

Ihr offener Brief hat mich richtig „umgetrieben“, weil ich darin die Ernsthaftigkeit Ihrer Rechtfertigung und viele eigene Probleme aus meiner Jugend erkannte, die mir heute oft noch Kopfzerbrechen machen. Ich kritisiere vieles wie Sie, komme nur zu einer anderen Schlußfolgerung. Glauben Sie mir, Schwierigkeiten und Schicksalsschläge lassen sich leichter in der Freundschaft mit Gott und in der Gemeinschaft der Glaubenden ertragen. Nehmen Sie bitte die offenen Worte einer Frau nicht übel...

Die Debatte in der Zeitschrift lief an ihrem Ende auf die Frage hinaus, wie nun die Generationen weiter miteinander auskommen sollen – ist ein Gespräch überhaupt möglich? Die Antwort aller Beteiligten lautete eindeutig: Ja! Man muß Geduld miteinander haben. Die folgenden Leser-Zuschriften stammen aus ganz verschiedenen Milieus, dennoch laufen sie auf einen Punkt zusammen: der Dialog der Generationen kann nicht abgebrochen werden.

Der erste Beitrag gibt eine Stellungnahme der katholischen Religionsgruppe der Klasse 10 a der Erich-Klausener-Realschule in Herten wieder (CiG Nr. 7/87, S. 54, 15. Februar 1987), der zweite stammt von dem Leser Heiner Angrick (CiG Nr. 2/87, S. 15, 11. Januar 1987), der dritte von der Leserin Elfriede Gantert (CiG Nr. 4/87, S. 32, 25. Januar 1987).

Wie wir miteinander auskommen

Leserstimmen

Eine Schulklasse schreibt

„Lieber N. N., wir finden es durchaus positiv, daß ein solch kirchenkritisches Schreiben veröffentlicht wurde; wir bewundern auch, wie freimütig Du Dich gegenüber der Kirche geäußert hast.

Allerdings sind wir nicht voll mit den Gründen, die Du für die Trennung zwischen junger Generation und Kirche angeführt hast, einverstanden, weil sie nicht mehr aktuell sind. Du behauptest, ‚ihre ersten sexuellen Erfahrungen' treibe viele junge Leute aus dem Kirchenleben. Aus unserer Erfahrung wissen wir, daß dies heute nicht zutrifft – trotz der Behauptung der Kirche, vorehelicher Geschlechtsverkehr sei schwere Sünde. Tatsache ist, daß es viele – nicht nur junge! – Leute verärgert, wie sich die Kirche gerade in sexuellen Fragen in ihr Privatleben mischt; aber die Mehrheit der jungen Leute ist trotz dieser überalterten, sturen Position der Kirche auf diesem Gebiet bereit, sich mit der Kirche zu arrangieren.

Der tatsächliche Grund für den Bruch sind in erster Linie die Gottesdienste. Wir erfahren in der Kirche keine Begegnung mit Gott, sondern sehen, wie die Pfarrer Messen zelebrieren, die uns nicht ansprechen. Wir erleben keinen Gott zum Identifizieren, sondern wir sitzen in einem kalten, unpersönlichen Bau und sehen einen Gottesdienst, der unter anonymer Atmosphäre abläuft und viele geradezu aus der Kirche scheucht. Diese Gottesdienste sind auf die ältere Generation zugeschnitten. Sie berücksichtigen die Interessen junger Leute nicht.

Es gibt für die Kirche noch Hoffnung, ihre Jugend zurückzugewinnen. Denn noch ist der Glaube an Gott da. Unsere Wünsche: Gottesdienste in kleinen Gruppen mit aktuellen Themen – persönliche Gestaltung des Gottesdienstraumes – Gespräche – Gebete, die unsere Sprache sind – moderne Lieder – persönlicher Kontakt der Priester zu den Jugendlichen: Gesprächskreise, gemeinsame Wochenenden..."

Das Wagnis – in mir selbst

„Einige Antworten auf den Beitrag ‚Wir werden keinen Schaden nehmen' eines 28jährigen haben mich besonders beeindruckt.

Da wird einmal dem jungen Menschen eine Chance und eine Hoffnung gegeben, ‚zu der Wahrheit vorzudringen, die uns nicht enttäuscht'. Von der Kirche wird als von der ‚armseligen, staubigen Pilgerin auf einem irdischen Leidensweg – einer Gemeinschaft von auf Gnade hoffenden Sündern' gesprochen.

Oder Norbert Richter – er könnte mein Sohn sein. Er ist aber – wie manch anderer Jugendliche auch – mein Lehrer. Er schreibt engagiert und ausführlich, allerdings in einer akademischen Sprache, die sein Anliegen zugleich erhellt und verdunkelt; aber Einfachheit ist eben ein Vorrecht der Kinder und älteren Menschen, nicht gerade der heranreifenden Jugend.

Dieser Beitrag gibt der Haltung und Sicht der Dinge, wie sie von dem 28jährigen vertreten werden, keine Chance und deckt Kurzschlüsse und Voreiligkeiten klar auf. Das Problem wird auf den Punkt gebracht: die existentielle Bedeutung des Glaubensaktes.

Auf meinen eigenen Weg zurückblickend, muß ich aber auch sagen: Ich kann den ersten Verfasser in vielen Punkten gut verstehen aus – wie es in einer anderen Leserzuschrift heißt – ‚persönlicher (Un-)Glaubenserfahrung'. Jener Brief spricht Dinge aus, die auch in meinem Leben nach der Pubertät fast bis heute unausgesprochen eine Rolle gespielt haben. Nur haben mich solche Erfahrungen, da ich sie isoliert und nicht gemeinsam mit anderen machte, eher in eine depressive Stimmung gebracht. So habe ich unter meinem Unglauben und moralischen Versagen gelitten – dann allerdings Gottes verzeihende Liebe, die Botschaft Jesu von der Erlösung als Befreiung aus diesem meinem Gefängnis erlebt und erfahren: ‚Nichts kann euch trennen von der Liebe Gottes, die offenbar geworden ist in Christus Jesus, unserem Herrn' (Röm 8).

Die Gotteserfahrung des Blaise Pascal, niedergelegt im berühmten ‚Mémorial', und seine Äußerung: ‚Das Herz hat Gründe, die der Verstand nicht kennt‘ sind mir zu Lebensbegleitern geworden. Ebenso das Wort aus dem Buch der Sprüche: ‚Vertraue auf den Herrn von ganzem Herzen und verlaß dich nicht auf deinen Verstand; erkenne ihn auf allen deinen Wegen, so wird er deine Pfade ebnen‘ (Spr 3,5.6).

Ob ich ein überzeugter Christ bin? So restlos überzeugt, wie der junge Autor des Artikels ‚Was heißt gläubig? Was heißt ungläubig?‘ es sich vorstellt, ist man wohl erst am Ende des Weges, am Ende einer Suche, auf die man sich im Leben mit dem Glauben begibt. Aber daß Christus durch seine Zeugen mir auf diesem meinem Weg begegnet ist und mir einiges zu sagen hat, ja, daß ich ihn in mir selbst als Mensch erfahre, das kann ich wohl bezeugen.“

Eine „pluralistische“ Familie

Ein weiteres „Mosaiksteinchen“ zur Diskussion über die „ungläubigen“ Kinder und die „gläubigen“ Eltern muß ich jetzt nach dem Weihnachtsfest aufschreiben. Auch wenn die Feiertage inzwischen vorbei sind, können unsere Erfahrungen vielleicht zum Nachdenken, zum Miteinander-Sprechen über unsere Probleme führen.

Es war also eine sechsköpfige Familie, die im Jahr 1986 zusammen Weihnachten feiern wollte: Vater, Mutter, drei Kinder (15 – 13 – 12) und eine fast 83jährige Großmutter. Der Wunsch nach einer „Heiligabendstimmung“ ist offenbar bei vielen Menschen immer noch ungebrochen da – aber anscheinend ganz anders als früher. In meiner Kindheit haben wir uns eingestimmt mit dem Kirchgang auf schneebedecktem Weg, adventlichen Gesängen, weihnachtlich geschmückten Zimmern, Gebäck und kleinen Geschenken.

In meiner eigenen Kindheit war es auch sehr ruhig, da wir nur zu dritt (manchmal zu viert) waren und durch unsere „gute" religiöse Erziehung brav, angepaßt und „zufrieden" schienen. Aber schon damals regte sich in meinem Innern etwas Unbestimmtes gegen diesen Anspruch auf Harmonie. Doch für solche „Rebellion" gab es strenge Gerichte mit Sanktionen. Alles wurde aus dem Weg geräumt, was an festgefügten Normen und Gesetzen rüttelte. Und solches auch von der Mutter Kirche, die einerseits in allen ihren Äußerungen Vertrauen predigte und andererseits mit Speer und Schild entgegentrat. Könnte nicht die heutige Müdigkeit und Distanz der jungen Christen zur Kirche eine Folge dieser Haltung sein?

Doch zurück zur Weihnachtseinstimmung. Jeder in der Familie hat heute seine ihm eigens für sich selbst „stimmenden" Vorstellungen und Wünsche, und da gibt es ein großes Repertoire von Möglichkeiten: Tannenbaum mit Krippe, Besuch von Gottesdiensten, das Hören von Klassik, Popmusik und Ansprachen, gemeinsames Singen und Musizieren, das Ansehen von Video- und Fernsehfilmen, Festtagsmenü, Gemeinsamkeit und Alleinsein …

Ich als Mutter in der Funktion einer Dirigentin beginne als erstes abzuwägen, welche Töne gut und welche besser klingen, wozu natürlich meine eigenen und nicht zuletzt jene aus dem anerzogenen ethischen Bereich kommen. Ich setze also meine Töne an und werde sofort von meinen Kindern mit dem Argument überstimmt: „alles" sei doch „wertneutral". Wogegen die Großmutter (meine Mutter), die immer nur in einer Tonlage lebte und keine anderen Töne kennt, protestiert. Am liebsten würde ich nach solchem Streit nun Weihnachten allein verbringen. Als ich das sage, sind alle entsetzt, außer meinem Mann, der Ähnliches spürt, aber gern einen harmonischen Ablauf wünscht, wie auch immer.

Wie auch immer! Wir haben das Fest hinter uns gebracht – für jeden etwas, jedoch nicht für alle das Ganze. Denn das Ganze liegt nicht in Weihnachts- oder Rockmusik, Geschenken, festlichen Gottesdiensten, Ansprachen, Videos und schönen Gesprächen. Das Eigentliche liegt doch tief verborgen in mir. Es ist das wirkliche Weihnachten, das in mir noch geboren werden muß; das einen weiten Weg vor sich hat und ein immerwährendes Hineinsterben voraussetzt, um dieses Kind zu gebären. Dieses Hineinsterben ist Vorbereitung zu dieser Geburt.

Was also ist „Weihnachtsstimmung"? Vielleicht von hier aus: das *Ertragen* von Tannenbaum mit Krippe, von Kirchgang oder Nichtkirchgang, von Geschenken; das Anhören von Rockmusik wie auch von Klassik. Und sogar: der Verzicht auf das harmonische Miteinander, das Spüren des Andersseins und seine Annahme.

Als Abschluß der Debatte in der Zeitschrift diente ein Beitrag, der nicht mehr auf die einzelnen Fragen einging – die nun genug erörtert schienen –, sondern noch einmal den Blick auf das Allgemeine lenkte mit einer Analyse der zeitgeschichtlichen Situation der älteren Generation (in der Ausgabe vom 17. Mai 1987, CiG Nr. 20, S. 165–166). Das kann einerseits dazu dienen, die gegenwärtige Selbstprüfung um eine Schicht realistischer anzusetzen, andererseits könnte es die Jüngeren aufrufen, die vorhergehende Generation in ihren Vorzügen und Mängeln besser zu verstehen.

Glauben im Wandel der Generationen

Herbert Kappes

Wer sich zu Fragen der Zeit äußern will, tut immer gut daran, von der eigenen Situation auszugehen. Sie ist, wenn man sich nicht durch den Kleinkram verwirren läßt, wie ein Brennpunkt, in dem die Strahlen zusammenlaufen.

Bei Kriegsende war ich dreizehn Jahre alt. Das heißt: ich gehöre zur Generation derjenigen, die, ohne Kriegsteilnehmer gewesen zu sein, doch in ihrer Kindheit durch den Krieg schwerstens beeinträchtigt wurden. Die Zeit meines geistigen Erwachens war die Nachkriegszeit, in der nichts mehr selbstverständlich war und in der man sich tastend zu orientieren suchte. Dieses unsicher Suchende, die Frage als Dauerzustand, ist mir geblieben. Wer in der Zeit vorher durch geistige Traditionen, die noch lebendig waren, geprägt wurde, wird das vielleicht nicht verstehen – ebensowenig derjenige, der später in ein sich festigendes Staats- und Gesellschaftswesen hineinwuchs (das allerdings, abermals später, wieder radikal in Frage gestellt wurde).

Einen zweiten Umstand möchte ich anschließen. Ich gehöre noch zu denen, die in und nach dem Krieg wirkliche materielle Not kennengelernt haben. Für uns gab es gar keinen anderen Weg, als das Widrige einer solchen Situation zu bewältigen, „etwas daraus zu machen“, in dieser Lage einen „Sinn“ zu suchen und zu finden, statt, wie das anderen Generationen vielleicht möglich ist, die Schwierigkeiten wie eine heiße Kartoffel fallenzulassen, überhaupt nicht rechnend mit der Möglichkeit, daß mit ihnen vielleicht etwas „gemeint“ sein könnte. Mit anderen Worten: wir waren gewiß nicht „verwöhnt“.

Und noch ein Drittes: Trotz dieser anfänglichen Armut wuchsen wir schnell in das hinein, was man dann „Wirtschaftswunder“ nannte. Es ließ sich wohl nur bei besonders selbständig denkenden und standfesten Menschen vermeiden, daß der Wohlstand mehr als bekömmlich wichtig genommen wurde. Die tieferen geistigen Probleme wurden zurückgedrängt. Wir lebten eine Zeitlang in einer gewissen Gedankenlosigkeit, die das Leben angenehm polsterte und sich sehr unterschied von dem heutigen Zustand, der einem die Probleme so nah auf den Leib rücken läßt, daß es kein Entrinnen gibt. Zumal bei den jungen Menschen hat man ja heute den Eindruck, daß deren Nerven geradezu bloßliegen.

Diese drei Umstände also prägten meine Generation:

Erstens fühlten wir uns „unfestgestellt“;

zweitens hatten wir die Zuversicht, daß sich aus dem Elend etwas Sinnvolles machen ließe;

drittens verzögerte sich das geistige Erwachen durch die Wolke des Wohlstands, die unser Licht trübte.

Was bedeuten diese drei Sachverhalte für unseren christlichen Glauben?

Der fragwürdige Glaube

Daß wir in einer Zeit geistig erwachten, in der kein Stein mehr auf dem anderen war, führte dazu, nichts mehr als selbstverständlich anzusehen. Es führte weiter dazu, auch im *Glauben* das Moment der *Frage* festzuhalten. Ich muß gestehen, daß mir ein Glaube, der sich im Gegensatz zur Frage versteht, der also vergleichbar wäre einem Felsen, nach wie vor verdächtig vorkommt. Glaube kann doch nur dann Glaube sein, wenn er sich der Nicht-Selbstverständlichkeit, der Fragwürdigkeit bewußt ist und auch bleibt. Glauben ist natürlich etwas anderes als bloßes Fragen. Worin liegt nun der Unterschied?

Glauben ist eine *Antwort,* aber die Frage zittert in ihr nach. Ebensowenig, wie die Antwort im Gegensatz steht zur Frage, muß diese zu jener im Gegensatz stehen. Die Frage ist nicht das Verflüssigende im Gegensatz zum Festen der Antwort, sondern jedes Fragen ist umfangen von dem, was sie erst ermöglicht und was der Bewegung des Fragens bereits vorausgeht.

Wem nun Glaube und Frage in einem solchen engen Zusammenhang stehen, der wird sich nicht zufriedengeben mit einem satzhaft-festgestellten Glauben. Er wird das Unlebendige darin bald spüren; er wird bemerken, daß ein solcher Glaube die Kluft zum Leben, zu den wirklichen Situationen des Menschen nicht zu schließen vermag. Er wird in ihm eher eine Ausflucht sehen vor dem großen Rätsel des menschlichen Daseins. Aber das muß nicht zu einer Abkehr vom Glauben führen, sondern man kann dadurch den Glauben auch tiefer, fragender zu verstehen suchen. Ich werde ihn in gewisser Weise „auf den Boden stellen" – das heißt: ihn lösen aus der Starre, in der er sich befindet durch eine satzhafte, nur von Autoritäten verwaltete Form. Ich werde den Mut aufzubringen versuchen, selbst im Denken Zeugnis abzulegen, selbst (ungesichert) Antwort zu geben.

Die Starre des Dogmas löst sich zur Lebendigkeit der Gestalt, zum lebendigen Wort, dessen Sinn niemand im vorhinein festzulegen, auszuschöpfen berechtigt ist. Ist einmal der Glaube aus seinem naiven Stadium herausgetreten, so verschließt er sich dem Wunsch, ihn restaurativ wiederherzustellen – er öffnet sich nur der nach vorn geöffneten Frage. Er ist Fragezeichen und Ausrufezeichen in einem, aber niemals Punkt. Wie weit natürlich der einzelne dieser unendlichen Aufgabe eines lebendigen Glaubens gerecht wird, ist nicht zu sagen; es ist ja eine unendliche Aufgabe.

Unser ganzes Verlangen geht in die Richtung: Jesus, der lebendige Mensch. Wie verkrustet ist der Glaube, wenn man es mit einem „Gespenst" zu tun hat, das – und sei es noch so „göttlich" – nicht spricht und deshalb nicht zu befreien vermag! Wie schwierig ist der Weg von einem solchen Gespenst zu dem Bruder, dessen Wort in unsere eigene Situation hineinzusprechen vermag, so daß wir uns in unserem Innersten berührt fühlen – das aber auch aus unzugänglicher Ferne kommt, richtend, was krumm in uns ist.

Sinnverlangen geht auf das Einmalige, es begnügt sich nicht mit Allgemeinheiten. Solange der Mensch sich nicht entdeckt hat, nicht träumend aufmerksam auf sich geworden ist, sondern gewissermaßen noch aufgesaugt ist von großen Institutionen und Traditionen, die ihn nicht zu sich kommen lassen, findet er keinen Sinn.

Dialektik der Zeit

Der zweite Umstand, den ich als besonders kennzeichnend für meine Nachkriegsgeneration anführte, war der, daß wir große materielle Not kennengelernt hatten und uns in ihr bewähren mußten.

Es erscheint vielleicht als eine recht oberflächliche Betrachtungsweise, das Leben nach seinen äußeren Umständen zu beurteilen. Aber Äußeres und Inneres hängen immer aufs engste zusammen. Was wir in dieser Weise damals lernten (bzw. lernen konnten), war: unter widrigsten, sinnlos scheinenden Umständen, durch eigenes Bemühen *und* durch geduldiges Warten (denn das eigene Bemühen hatte Grenzen, und die Geduld für sich reichte nicht) schließlich doch einen Sinn zu entdecken. Ich will damit nicht sagen, daß es eine Garantie gibt, mit Geduld den Sinn zum Erscheinen zu bringen, aber es ist eine häufige Erfahrung, daß es so ist. „Sinn“ verbirgt sich gern, aber die Zeit läßt ihn immer wieder aufleuchten.

Das Ganze ist gewiß ein schwieriges Problem, aber so viel ist klar: Sinnerfahrung macht sich nicht im Handumdrehen, und Sinn wird nicht abgepackt geliefert. Bemühung und Geduld müssen ihn freilegen.

Damit sind wir bei zwei Begriffen, die wichtig und sogar spezifisch sind für den christlichen Glauben, und es leuchtet von daher ein, daß sich von diesen Erfahrungen her (für uns) eine Brücke zu ihm ergab. Geduld, das ist Vertiefung in die Zeit; das ist die Zuversicht, daß die Zeit, so sehr sie nicht das Letzte und Wesentlichste ist und den Sinn nicht *erzeugen* kann, eben doch auch ihren helfenden Rang hat und nicht verachtet werden darf. Wer Geduld hat, der macht oft die Erfahrung, daß das Sinnlose sich schließlich als sinnvoll zeigt, das Abweisende und Erdrückende als menschlich und bewohnbar, und, biblisch ausgedrückt: der Tod als Leben.

Diese Erfahrung war für uns enorm wichtig, denn die Zuversicht auf den in der Zeit schlummernden Sinn machte uns einerseits belastungsfähig, andererseits hoffnungsfroh. (Ich will übrigens nicht verschweigen, daß ich voller Bewunderung auf frühere Generationen blicke; unsere eigene ist in diesem Punkt sicher schon geschwächt und alles andere als vorbildlich.) Was uns beflügelte, war das Hoffnungswissen, daß jederzeit ein „Umschlag" möglich ist. Tod und Leben sind nicht sauber zu trennen – eins ist auf das andere hin durchsichtig; Leben bewährt sich in der Gefährdung, andererseits birgt der Tod stets die Möglichkeit der Auferstehung in sich.

Das heutige, von Grund auf undialektisch denkende, das heißt die Erfahrungen von Leben und Tod gegeneinander abschottende Zeitgefühl hat dafür leider kaum mehr Verständnis. Was nicht als „toll“ empfunden wird, wird von jungen Menschen schnell fallengelassen; auf der anderen Seite sucht man das Glänzende für sich festzuhalten und sperrt sich dagegen, daß es auch das Blendende ist, das uns gegen die tiefere Erfahrung des Dunklen blind macht.

Die „Wolke“ des Wohlstands

Der dritte, unsere Generation kennzeichnende Umstand ist das scheinbar problemlose Hineinwachsen in den wirtschaftlichen Wohlstand und, damit verbunden, das zeitweilige Zurücktreten der geistigen Fragen in der „Wirtschaftswunderzeit“. Ich muß bekennen, daß ich auch für mich persönlich darin eine Schuld sehe. Ich hätte wacher sein, mich nicht in dieser Sicherheit wiegen dürfen, die mich den tieferen Fragen des menschlichen Lebens, auch wenn diese natürlich nie ganz aufhörten, entfremdete. Es war wie ein Taubwerden der Tiefendimension...

Unser Sinnverlangen war in den fünfziger Jahren nicht so geschärft, wie es heute der Fall ist. Es drängte nicht auf unmittelbare Erfüllung „hier und jetzt“, sondern begnügte sich, einzutauchen in ein Element, in dem es sich zunächst verlor. Später jedoch konnte man oft, beglückt und dankbar, feststellen, daß dieser Umweg so übel auch wieder nicht war. Es war wie bei einem Rad, das ständigen Kontakt und ständige Reibung mit dem Untergrund hat. Der Umweg mag hindeuten auf eine gewisse Schläfrigkeit, ein Versunkensein in der Basis des Lebens, der Natur, die alles trägt – immerhin lernt man auf Umwegen das eine oder andere, auf das man nicht verzichten möchte. „Sinn“ ist etwas, was auch des Umweges bedarf. Er stellt sich aus dem Anderen, Dunklen, ja man kann sagen: Sinnlosen her.

Der Glaube und drei verschiedene Generationen

Woher kommen wir? Uns voraus ging eine Generation, die noch stark aus der Tradition lebte und sie für selbstverständlich hielt. Fast konnte man die Gleichung aufstellen: Je weniger begreiflich, desto mehr Glaube. Wir Danachkommenden verlangen einen Glauben, den wir bezeugen können aus Eigenem, das heißt, wir verlangen, daß er zwar nicht „durch“ uns sei, aber nicht „ohne“ uns. Das eigene Denken und Erfahren, so erwarten wir, soll wenigstens Hinweise, Pfeile auf den Glauben enthalten, die ihn zwar nicht beweisen, aber sinnvoll erscheinen lassen.

Dieser Glaube kreist um zwei Brennpunkte: „Offenbarung“ und „cigene Existenz“. Der Glaube der Älteren hatte etwas Holzschnittartiges: einerseits Starres, andererseits Grobes, so daß die wache Existenz sich kaum angesprochen fühlte. Wir können aber nicht übersehen, daß das, was bei diesem existentiell lebendigen „Glauben“ unserer Generation manchmal ergreifend aufleuchtet, genau in dem Maße, wie es lebendig ist, schwer zu übermitteln ist. Und das führt nun weiter zum Verhältnis zur folgenden Generation.

Diese nämlich hat nicht mehr den Hintergrund eines völlig unangezweifelten Glaubens. Daß unsere Generation gewissermaßen probierend, in immer neuen Anläufen und Aufschwüngen zu glauben sucht, führte in vielen Fällen dazu, daß die Kinder unsicher und verunsichert wurden. Nachdem der Glaube früher fraglos akzeptiert wurde, wurde er nun sehr stark zur Frage und damit für die nachfolgende Generation kein „Fels“ mehr, an dem man sich reiben konnte. So wurde er schließlich „keine Frage mehr“. Das ist, kurz gesagt, die aufregende wie auch bedrückende Geschichte des Glaubens in unserer Zeit.

Traurig und bedrückend ist, daß das, was das Wichtigste für den Menschen und den Sinn seines Lebens ist und durch unser Fragen *geehrt* wurde, der nachfolgenden Generation kaum mehr der Frage, des Nachfragens wert erscheint. Viele Jüngere fragen durchaus, aber oft gleichsam von außen, ohne Identifikation – oder sie fragen schon nicht mehr. Oder sie wollen, bollwerkartig, die alten Positionen wieder festhalten und verteidigen. Meiner Meinung nach gehört jedoch den behutsam – „philosophisch“ – Fragenden die Zukunft; jenen, die sich, vom Rande her, aber mit großem Interesse, zur Mitte hintasten.

Wer es ernst meint mit dem Glauben, dem liegt diese ganze Entwicklung auf der Seele. Es sind nach meinen Beobachtungen die persönlich glaubwürdigsten Menschen, Väter und Mütter, die am meisten zu leiden haben. Was Friederike Kügler vor einiger Zeit in dieser Zeitschrift ihren Kindern schrieb, hat ja breiten Widerhall gefunden und ist in der Grundempfindung vielen aus dem Herzen gesprochen. Es ist offenbar ein haarscharfer Grat, auf dem wir gehen. Man muß versuchen, von den Jugendlichen insofern zu lernen, als uns durch sie immer wieder klar wird, daß Glaube nicht selbstverständlich ist.

Sind wir schuldig geworden? Hätten wir das Fragen unterlassen und so nicht so viel Unsicherheit hervorrufen sollen? Wer Fragen stellt und Antworten wagt, läuft natürlich Gefahr, sich zu verfehlen. In diesem Sinne mag man von Schuld sprechen. Aber was sollten wir, was sollen wir tun? Man mag sich immer wieder prüfen, wie es mit den eigenen *Antworten* steht, aber man kann nicht wünschen, sie nie „in Frage“ gestellt zu haben.

Schlußwort

Was hat diese Debatte über die „ungläubigen“ Kinder in unserer Zeit erbracht? Drei Dinge:

Erstens: Daß wir für die jüngere Generation Westdeutschlands von einer tiefgehenden Glaubenskrise sprechen müssen – sie darf nicht verharmlost werden.

Zweitens: Die Ursachen für diese Entwicklung sind in einer komplexen psycho-sozialen Situation zu suchen, die auf eine fundamentale Umstrukturierung des religiösen Geistes in der modernen Welt deutet.

Schließlich: Die Re-Evangelisierung Europas ist ein dringendes seelsorgerliches Erfordernis, wobei statt eines pessimistischen Rückblicks mutige pastorale Initiativen, eine persönliche Vertiefung des jeweiligen Glaubens und eine Erneuerung der kirchlichen Strukturen am notwendigsten erscheinen.

Dieses Buch ist nicht der Ort, um nun diese drei Bereiche ausführlicher abzutasten, etwa die Ursachen-Forschung noch differenzierter anzugehen und die Vorschläge zur Therapie im einzelnen auszufalten. Einiges aber soll in einem kurzen Schlußwort wenigstens angedeutet sein.

Zuerst: die Tatsache des Abfalls ist nicht zu bagatellisieren. Die Demoskopen und Soziologen weisen seit Jahren entsprechendes Faktenmaterial nach. Es ist eine Entwicklung, die keineswegs erst vor ein paar Jahren begonnen hat, sondern seit etwa 250 Jahren kontinuierlich vorangeschritten ist. Seit Lessings „Nathan der Weise“ und seit dem „Faust“ Goethes („Die Botschaft hör ich wohl, allein mir fehlt der Glaube“) sind zuerst die Gebildeten, dann die breiten Schichten des Industrieproletariats, schließlich die Konsumenten der modernen Massengesellschaft der biblischen Botschaft immer distanzierter, fremder und verständnisloser gegenübergetreten, wenn man schon nicht von einer direkten Feindschaft sprechen will. Von der Kirche initiierte Gegenbewegungen – romantisch-religiöse Restauration, politischer Katholizismus, liturgisch-theologische Erneuerung, kirchliche Jugendbewegung, Zweites Vatikanisches Konzil – haben diese Entwicklung vielleicht verzögern, bisher aber nicht grundsätzlich aufhalten können.

Neben der Tatsachenerhebung ist die Ursachen-Forschung ebenfalls seit vielen Jahren in Gang. Sie wäre mißverstanden, wenn sie sozusagen in Schuldzuweisungen enden würde: daß „die Kirche“ zum Beispiel nicht flexibel, verständnisvoll genug auf die Herausforderung der modernen Zeit reagiert hätte, zu „starr“, „unbeweglich“ gewesen sei usw. In der evangelischen Kirche hatte man sich schon im 19. Jahrhundert weithin dem „Modernismus“ geöffnet, eine liberale Theologie auf wissenschaftlicher Grundlage entwickelt, den Dialog mit der modernen Gesellschaft gepflegt und auch versucht, in der so heiklen Problematik der christlichen Sexualethik offene Lösungen (zum Beispiel die praktische Annahme der Ehescheidung) zu verwirklichen. Aber all dies „nützte“ kaum etwas oder nichts. Man kann eher den Eindruck haben, daß der Erosionsprozeß durch die „Öffnung“ zur modernen Welt noch beschleunigt worden ist.

Aber auch die „konservativen“ Gegenbewegungen überzeugen keineswegs, sei es, daß sie als gettohafte „feste Burg“, sei es als „Bekenntnisbewegung“ die Kernschar der Gläubigen sammeln wollten und wollen. Eine Umkehrung des säkularistischen Trends haben auch sie nicht bewirkt. Die Ursachen der Entfremdung liegen also gewiß tiefer, als diese und ähnliche Bewegungen in den Kirchen voraussetzen. Offenbar stehen wir an einer grundsätzlichen religionsgeschichtlichen Kehre, die vielleicht am ehesten noch mit dem Exil während der Prophetenzeit und dem Untergang des ersten und zweiten Tempels in Jerusalem verglichen werden kann.

Wie aber und auf welchen Wegen ist das Zukünftige zu erkennen und „zu tun“? Weder die Familie noch kirchliche Verbände, weder religiöse Gesinnungsgruppen noch intensivierte Gemeinden haben bisher einen wirklich fruchtbaren Weg gefunden. Dennoch könnten die pastoralen Initiativen auch heute schon mutiger sein. Wenn Karl Rahner das inzwischen berühmte Wort gesagt hat, der „Christ der Zukunft“ müsse ein „Mystiker“ sein, dann heißt dies doch, daß der Glaube zur Zeit nur in einer personalen Entscheidungssituation tragfähig erscheint. Dieses Persönliche muß unser neuer Ausgangspunkt werden. Die soziale Gruppe – auch die der Familie – trägt religiös zur Zeit nicht mehr. Natürlich wird dies nicht immer so bleiben können, denn der Mensch ist ein soziales Wesen. Die Kirche wird jedoch neue religiöse Sozialisationsformen finden müssen, die das Individuum in einem anderen kulturellen Kontext als bisher binden. So sind „neue geistliche Bewegungen" tatsächlich ein Erfordernis der Stunde. Jugendliche müssen in solchen Gruppen gesammelt und zum Vorhof des Glaubens geführt werden. Andererseits scheint auch die geistige Elite der Zeit allmählich wieder bereit, nach dem Scheitern ihres Wissenschaftsidealismus wie auch eines gewissen technischen Größenwahns neu nach der religiösen Frage auszuschauen. Die Künstler, die immer ihrer Zeit voraus sind, artikulieren diese Hoffnung schon längst. In diesem Sinne ist geduldig und beharrlich nach dem Vorbild Jesu Evangelisationsarbeit zu leisten.

In dieser Entwicklung ist es kaum denkbar, daß die aus der Antike und dem feudalen Mittelalter stammenden kirchlichen Strukturen von heute so erhalten bleiben können, wie sie sind. Hierarchisches Denken und Handeln ist überholt und keineswegs mit dem Christlichen gleichzusetzen – aber auch haltlose Liberalität kann offenbar nur ein Mißverständnis der unmißverständlichen Weisungen Jesu bedeuten. Die Kirche wird als personale organische Gemeinschaft die Zukunft suchen müssen. Sie kann dabei weder grundlegend die moderne Wissenschaft noch die gesicherten Erkenntnisse der

Soziologie und Psychologie ablehnen – die auf der anderen Seite durchaus ein neues Symbolverständnis des Religiösen ermöglichen (das sich jedoch von der halb-magischen bisherigen Praxis entschieden absetzt). So werden auch die Gottesdienste noch ganz andere werden müssen, als das Zweite Vatikanische Konzil es erahnen konnte.

Mit anderen Worten: wir stehen erst am Anfang, nicht am Ende. Die Gärung und Unsicherheit wird wohl noch lange dauern. Aber es gibt keinen Grund des Verzagens und der Mutlosigkeit. Keineswegs ist die Sache der Kirche verloren oder gar nur bei den Völkern der Dritten Welt, die das Feuer der modernen Säkularisierung noch nicht durchgemacht haben, in guter Hand. Dieses Feuer ist ein Prozeß der Reinigung, des Vorwärtsdrängens, des Geistes Gottes selbst. Und dieser wird auch genug junge Menschen erwecken, die als Propheten den anderen, die heute noch bei den Fleischtöpfen Ägyptens sitzen bleiben, den Weg in die Zukunft weisen.

Manfred Plate, geb. 1929, ist Chefredakteur der Wochenzeitschrift „Christ in der Gegenwart". Er kam über ein Studium der Philosophie, Theologie und Germanistik zur Presse, hat an Kirchenblättern und für den Rundfunk gearbeitet. Buchveröffentlichungen über das Zweite Vatikanische Konzil und die Gemeinsame Synode der deutschen Bistümer, Mitherausgeber vieler Sammelwerke.

Norbert Richter, geb. 1967 in Paderborn, zur Zeit der Abfassung seines Beitrags Abiturient am Ratsgymnasium Wiedenbrück. Gegenwärtig leistet er am gleichen Ort seinen Zivildienst ab.

Anton Kner, geb. 1911, Krankenhauspfarrer in der psychiatrischen Fachklinik Rottweil-Rottenmünster, vorher 41 Jahre Gemeindeseelsorge. Zahlreiche Veröffentlichungen über Lebensprobleme im Vorfeld psychischer Erkrankungen, Leiter von Exerzitienkursen und Besinnungstagen.

Hansjörg Sick, geb. 1924, Dr. theol., ist als Oberkirchenrat in der evangelischen Landeskirche von

Baden tätig. Befaßt sich besonders mit Fragen des Gemeindeaufbaus und der Seelsorge, darüber hinaus gehören Ökumene, Gottesdienstgestaltung und Kirchenmusik zu seinem Aufgabengebiet.

Herbert Kappes, geb. 1932, ist Oberstudienrat in Neuss, Religionspädagoge. Artikel zu theologisch-philosophischen Fachfragen.

Die anderen Beiträge stammen von Verfassern, die ihre Anonymität gewahrt wissen möchten.

Bücher von Werner Schaube im Verlag Herder:

Generationenpuzzle

„Ein Impulsbuch für junge Menschen, die sich verstanden wissen möchten, für Eltern und Erzieher, die das Gespräch mit ihren Kindern suchen, aber auch für die ältere Generation, die sich hier ins Spiel bringen kann" (Stimme der Familie).

120 Seiten, Paperback. ISBN 3-451-19875-4

Glaubensgerüst

Basistexte zum Christsein

„Der Titel weist schon auf das Ziel des Buches hin: es will das Gerüst liefern, ohne das auch der Glaube nicht bestehen kann. Dazu gehören: die wichtigsten Texte aus dem AT und NT, die schönsten Grundgebete der Christen und Ausschnitte aus den wichtigsten Schriften großer Gestalten des Glaubens" (Kontraste).

96 Seiten mit vielen Abbildungen, Paperback.
ISBN 3-451-20080-5

Lebenspuzzle

„Ein außerordentlich ansprechend aufgemachtes und zusammengestelltes Buch für junge Leute" (Zweites Deutsches Fernsehen).

5. Auflage. 128 Seiten mit zahlreichen Abbildungen, Paperback. ISBN 3-451-19353-1

Im Verlag Herder erschienen von Gerhard Debbrecht:

Messe – für mich?

Antworten auf Fragen junger Menschen

„Nicht nur ein ausgezeichnetes, sondern dazu noch ein preiswertes Buch zum Verschenken. Wer Schwierigkeiten mit dem Besuch des Gottesdienstes hat, dem öffnen sich hier neue Gedanken“ (Aachener Volkszeitung).

9. Auflage. 96 Seiten mit Abbildungen, Paperback.
ISBN 3-451-19601-8

Bibel – für mich?

Antworten auf Fragen junger Menschen

„Ein gutes Beispiel dafür, daß die wichtigsten Erkenntnisse biblischer Forschung auch verständlich vermittelt werden können. In den Briefen werden Schwierigkeiten junger Menschen mit der Bibel auf ansprechende, leicht lesbare Weise besprochen“ (Bibel und Liturgie).

3. Auflage. 112 Seiten, Paperback. ISBN 3-451-20053-8

Beichte – für mich?

Antworten auf Fragen junger Menschen

Ein Buch, auf das viele Jugendliche, Eltern, Gruppenleiter und Seelsorger gewartet haben: lebensnah, offen und ohne Tabus.

96 Seiten mit 8 Illustrationen von Jules Stauber,
Paperback. ISBN 3-451-21032-0

Von dem Autorenteam
Günter Biemer, Werner Tzscheetzsch und Albert Biesinger
erschienen im Verlag Herder:

Anstiftungen

Ein Hoffnungsbuch für junge Menschen

„Ein ermutigendes Buch. Hier werden keine Theorien aufgestellt. Alle Verfasser sind in der Jugendarbeit tätig und wenden sich an junge Menschen, um ihnen neuen Mut zu machen. Sie wollen anstiften zum eigenen Nachdenken und zum Gespräch... Ein Buch, das zur Hoffnung und zum Glauben anstiften kann“ (Deutsches Pfarrerblatt).

6. Auflage. 120 Seiten mit zahlreichen Abbildungen, Paperback. ISBN 3-451-19454-6

Wagnisse

Ein Lebensbuch für junge Leute

„Rand-Notizen am Leben, Ver-Dichtungen, in denen sich nicht nur Junge wiedererkennen können. Keine ‚Patentrezepte‘. Vielmehr geht es um die Chance, diesen Gott als mutmachende Begleitung zuzulassen, sich selbst auf eine Veränderung des eigenen Lebens einzulassen“ (Badische Zeitung).

2. Auflage. 120 Seiten mit 15 Fotos, Paperback.
ISBN 3-451-20085-6

Wandlungen

Ein Symbolbuch für junge Menschen

In diesem Buch sagen Jugendliche stellvertretend für viele, was sie bewegt, bedrückt, ängstigt, aber auch, was sie froh macht. Die Autoren geben Antworten, die auch manche Zumutungen enthalten und zum Leben aus dem Glauben anstiften.

120 Seiten mit vielen Fotos, Paperback. ISBN 3-451-20967-5